PARIS PRATI

D0656030

Axe Rouge	Clear way	Parken verboten	Fermata vietata	Prohibidio aparcar o parares
Voie Piétonne	Pedestrian street	Fußgängerstraße	Strada pedonale	Calle peatonal
Sens unique	One way street	Einbahnstraße	Strada a senso unico	Sentido único
Numéro d'Immeuble	Building number	Hausnummer	Numero di palazzo	Número de Edificio
Station de métro	Underground station	Metrostation	Metropolitana	Metro
Station de RER	RER station	RER-Station	Stazione di RER	RER (metro rapido)
Station de tramway	Tramway station	Tramwaystation	Stazione di tram	Tramway
Parking	Car park	Parkplatz	Parcheggio	Aparcamiento
Station-service 24 / 24	Petrol station 24 / 24	Tankstelle 24 / 24	Stazione di servizio 24 / 24	Gasolinera 24 / 24
Station-service de Jour	Petrol station open only day time	Tagestankstelle	Stazione di giorno	Gasolinera de diá
Station de taxi	Taxi rank	Taxistation	Stazione di taxis	Estación de taxis
Borne d'appel taxi	Taxi rank with telephone	Taxistation mit Fernsprecher	Stazione di taxis con telefono	Estación de taxis con telefono
Eglise	Catholic church	Kirche	Chiesa	Iglesia
Temple	Protestant church	Tempel	Tempio	Templo
Préfecture	Prefecture	Präfektur	Prefettura	Prefectura
Hôtel de Ville - Mairie	Townhall	Rathaus	Municipio	Ayuntamiento
Gendarmerie - Police	Police	Polizei	Caserma di Gend. - Polizia	Comisaría - Policiá
Poste	Post office	Postamt	Ufficio postale	Oficina de Correos
Centre commercial	Shopping centre	Einkaufszentrum	Centro Commerciale	Centro Comercial
Marché couvert	Covered market	Markthalle	Mercato coperto	Mercado cubierto
Marché découvert	Market	Markt	Mercato	Mercado
Hôpital - Clinique	Hospital	Krankenhaus	Ospedale	Hospital
Caserne pompiers Caserne	Fire Station - Barracks	Feurwehr - Kaserne	Vigili del Fuoco - Caserma	Parque de Bomberos Cuartel

 © ÉDITIONS L'INDISPENSABLE 16-18 rue de l'Amiral Mouchez 75014 Paris • Tel: 01 45 65 48 48
Internet : www.massin.fr • Reproduction même partielle interdite • Modèle déposé
Imprimé par Aubin Imprimeur Ligugé-Poitiers

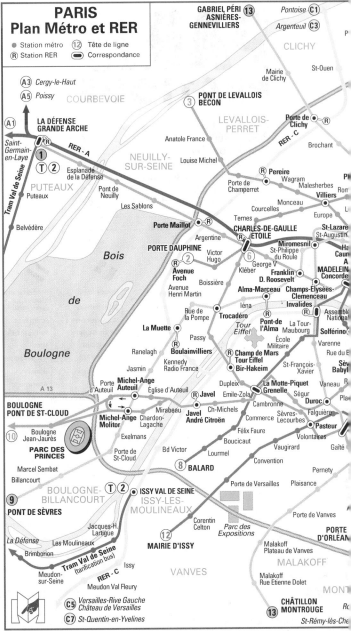

PARIS
Plan Métro et RER

- ● Station métro
- ⓡ Station RER
- ⑫ Tête de ligne
- ◗ Correspondance

GABRIEL PÉRI ⑬
ASNIÈRES-
GENNEVILLIERS

Pontoise ⓒ1
Argenteuil ⓒ3

Ⓐ3 Cergy-le-Haut
Ⓐ5 Poissy

COURBEVOIE

CLICHY

St-Ouen

Mairie
de Clichy

PONT DE LEVALLOIS
BÉCON

LEVALLOIS-
PERRET

Porte de ● ⓡ
Clichy

RER - C

Brochant

Ⓐ1

LA DÉFENSE
GRANDE ARCHE

Saint-
Germain-
en-Laye

Ⓝ ⓡ

RER - A

① Ⓣ ②

Esplanade
de la Défense

Anatole France

Louise Michel

NEUILLY-
SUR-SEINE

ⓡ Pereire
Wagram

PUTEAUX

Puteaux

Pont de
Neuilly

Porte de
Champerret

Malesherbes   Rom

Villiers

Les Sablons

Belvédère

Monceau

Courcelles

Europe   L

Ternes

Porte Maillot ● ⓡ

CHARLES-DE-GAULLE
ÉTOILE

St-Lazare
St-Augustin

Bois

Argentine

ⓡ

Ha
Caum
A

PORTE DAUPHINE

Victor
Hugo

Miromesnil ●
St-Philippe
du Roule

Ⓝ②

Avenue
Foch

Kléber

George V

MADELEIN
Concorde

de

Avenue
Henri Martin

Boissière

Franklin ●
D. Roosevelt

Champs-Élysées-
Clemenceau

Iéna

Alma-Marceau ●

Invalides

Rue de
la Pompe

Trocadéro ●

Ⓝ

ⓡ

Assemble
Nationa

Boulogne

La Muette ●

Passy

Tour
Eiffel

Pont-de
l'Alma

La Tour-
Maubourg

Solférino ●

Ranelagh

Boulainvilliers ●

École
Militaire

Varenne

Jasmin

Kennedy
Radio France

ⓡ Champ de Mars
Tour Eiffel

Rue du E

Sèv
Babyl

A 13

Porte
d'Auteuil

Michel-Ange
Auteuil ●

Église d'Auteuil

● Bir-Hakeim

ⓡ Javel

Dupleix

St-François-
Xavier

La Motte-Piquet
Grenelle

Vaneau   R

BOULOGNE
PONT DE ST-CLOUD

Michel-Ange
Molitor ●

Chardon-
Lagache

Mirabeau ●

Emile-Zola ●

Javel
André Citroën

Ch-Michels

Cambronne

Ségur

Duroc ●

Pla

Falguière

⑩

Boulogne
Jean-Jaurès

Exelmans

Sèvres-
Lecourbes

● Pasteur

PARC DES
PRINCES

Porte de
St-Cloud

Bd Victor

Commerce

Volontaires

Gaîté

Félix Faure

Marcel Sembat

Boucicaut

Vaugirard

Billancourt

⑧ BALARD

Lourmet

Convention

Pernety

⑨

BOULOGNE-
BILLANCOURT

Ⓣ②

● ISSY VAL DE SEINE

Porte de Versailles

Plaisance

PONT DE SÈVRES

ISSY-LES-
MOULINEAUX

Corentin
Celton

Porte de Vanves

La Défense

Jacques-H.
Lartigue

Parc des
Expositions

PORTE
D'ORLÉAN

Brimborion

Les Moulineaux

⑫

MAIRIE D'ISSY

Malakoff
Plateau de Vanves

Meudon-
sur-Seine

Issy

RER - C

VANVES

MALAKOFF

Tram Val de Seine
(tarification bus)

Meudon Val Fleury

Malakoff
Rue Etienne Dolet

MONT

ⓒ5 Versailles-Rive Gauche
Château de Versailles

ⓒ7 St-Quentin-en-Yvelines

CHÂTILLON ⑬
MONTROUGE

R

St-Rémy-lès-Che

Tram Val de Seine

Tête de ligne

2

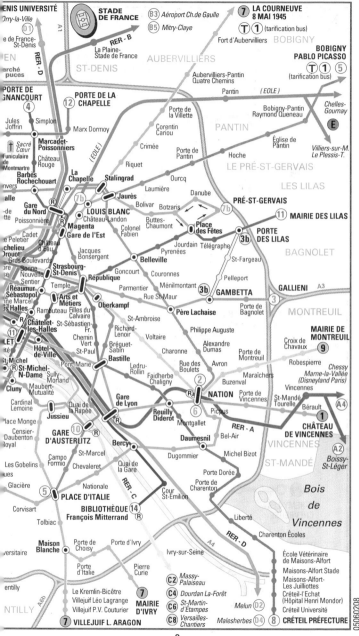

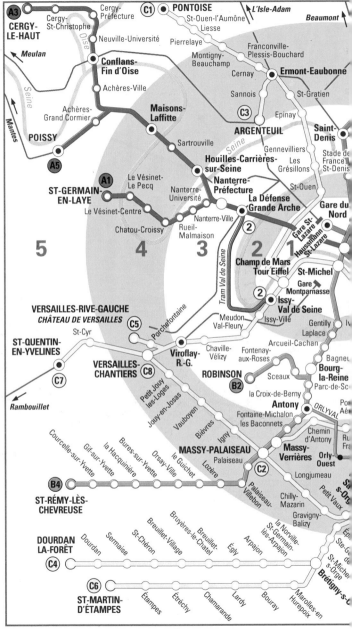

A3 CERGY-LE-HAUT
Cergy-St-Christophe
Cergy-Préfecture
C1 PONTOISE
St-Ouen-l'Aumône
Liesse
L'Isle-Adam
Beaumont
Neuville-Université
Pierrelaye
Franconville-Plessis-Bouchard
Meulan
Montigny-Beauchamp
Cernay
Ermont-Eaubonne
Conflans-Fin d'Oise
Achères-Ville
Sannois
St-Gratien
Achères-Grand Cormier
Maisons-Laffitte
C3
Epinay
Saint-Denis
POISSY
Sartrouville
ARGENTEUIL
Gennevilliers
Stade de France
St-Denis
A5
Houilles-Carrières-sur-Seine
Les Grésillons
A1
ST-GERMAIN-EN-LAYE
Le Vésinet-Le Pecq
Nanterre-Préfecture
St-Ouen
Le Vésinet-Centre
Nanterre-Université
La Défense Grande Arche
Gare du Nord
Chatou-Croissy
Nanterre-Ville
Rueil-Malmaison
2

5   **4**   **3**   **2**   **1**

Gare St-Lazare
Haussmann-St-Lazare

Tram Val de Seine

2 **Champ de Mars Tour Eiffel**
St-Michel
Gare Montparnasse

VERSAILLES-RIVE-GAUCHE
CHÂTEAU DE VERSAILLES
C5
St-Cyr
Porchefontaine
2 **Issy-Val de Seine**
Issy-Ville
Gentilly
Iv
ST-QUENTIN-EN-YVELINES
Meudon Val-Fleury
Laplace
Arcueil-Cachan
Chaville-Vélizy
Fontenay-aux-Roses
Bagneu
C7
VERSAILLES-CHANTIERS **C8**
Viroflay-R.-G.
ROBINSON
Sceaux
Bourg-la-Reine
Parc-de-Sc
Rambouillet
Petit Jouy les-Loges
la Croix-de-Berny
B2
Antony
ORLYVAL
Po
Aé
Jouy-en-Josas
Fontaine-Michalon
les Baconnets
Vauboyen
Chemin d'Antony
Ru
Fra
Bièvres
Igny
MASSY-PALAISEAU
Palaiseau
Massy-Verrières
Orly-Ouest
Courcelle-sur-Yvette
Gif-sur-Yvette
la Hacquinière
Bures-sur-Yvette
Orsay-Ville
le Guichet
Lozère
C2
Longjumeau
Sa
s-Or
B4 ST-RÉMY-LÈS-CHEVREUSE
Palaiseau-Villebon
Chilly-Mazarin
Petit Vaux
Gravigny-Balizy
DOURDAN LA-FORÊT **C4**
Dourdan
Sermaise
St-Chéron
Breuillet-Village
Breuillet-le-Chatel
Bruyères-le-Chatel
Égly
Arpajon
la Norville-St-Germain-les-Arpajon
Épi
Ste-G
C6
ST-MARTIN-D'ÉTAMPES
Étampes
Étréchy
Chamarande
Lardy
Bouray
Marolles-en-Hurepoix
St-Michel
s-Orge
Brétigny-s-

4

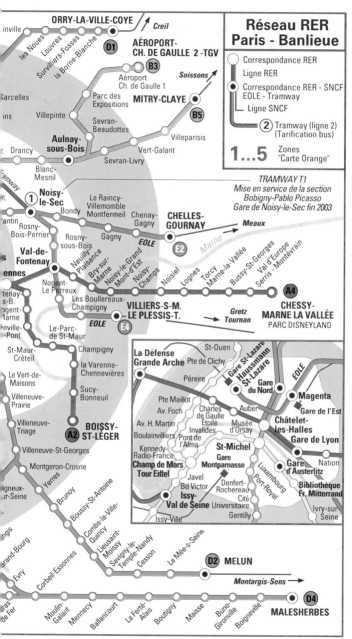

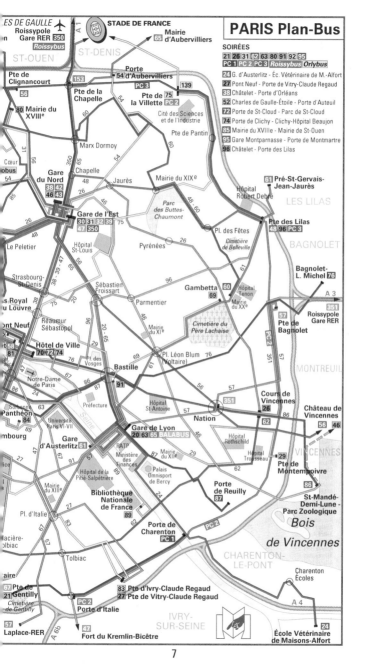

PARIS Plan-Bus

SOIRÉES
21 26 31 62 63 80 91 92 95
PC 1 PC 2 PC 3 Roissybus Orlybus

24 G. d'Austerlitz - Éc. Vétérinaire de M.-Alfort
27 Pont Neuf - Porte de Vitry-Claude Regaud
38 Châtelet - Porte d'Orléans
52 Charles de Gaulle-Étoile - Porte d'Auteuil
72 Porte de St-Cloud - Parc de St-Cloud
74 Porte de Clichy - Clichy-Hôpital Beaujon
85 Mairie du XVIIIe - Mairie de St-Ouen
95 Gare Montparnasse - Porte de Montmartre
96 Châtelet - Porte des Lilas

Ar.	Plan	Rues / Streets
		A
6	L17	Abbaye Rue de l'
18	E18	Abbesses Pass. des
18	E18	Abbesses Pl. des
18	E18	Abbesses Rue des
9	F20	Abbeville Rue d'
10	F20	Abbeville Rue d'
18	A21	Abeille Al. Valentin
12	M23	Abel Rue
2	I19	Aboukir Rue d'
18	D18	Abreuvoir Rue de l'
17	G11	Acacias Pass. des
17	F11	Acacias Rue des
6	L17	Acadie Pl. d'
16	G2	Acclimatation Jard. d'
19	H23	Achard Pl. Marcel
3	K21	Achille Sq. Louis
20	J27	Achille Rue
7	L12	Acollas Av. Émile
17	D12	Adam Av. Paul
4	K19	Adam Rue Adolphe
18	O20	Adanson Sq.
12	J5	Adenauer Pl. du Chanc.
18	C20	Ader Pl. Clément
19	G25	Adour Villa de l'
18	K27	Adrienne Cité
12	O17	Adrienne Villa
18	E20	Affre Rue
5	L8	Agar Rue
8	H15	Aguesseau Rue d'
18	C17	Agutte R. Georgette
11	I24	Aicard Av. Jean
14	P16	Aide Sociale Sq. de l'
19	E25	Aigrettes Villa des
13	D24	Aisne Rue de l'
10	H22	Aix Rue d'
7	K4	Ajaccio Sq. d'
14	O15	Alain Rue
5	L12	Alasseur Rue
18	B17	Albert Pass. Charles
13	R23	Albert Rue
5	L19-L20	Albert Rue Maître
19	D19	Albert Rue Paul
8	I13	Albert Ier Cours
8	J11	Albert Ier de Monaco Av.
12	K10	Albinoni Rue
16	K10	Alboni Rue de l'
16	K10	Alboni Sq. de l'
3	O17	Alembert Rue D'
15	N15	Alençon Rue d'
14	Q16	Alésia Rue d'
14	Q16	Alésia Villa d'
14	O14	Alésia-Ridder Sq.
15	O14-O15	Alexandre Rue
16	J8	Alexandre Ier de Yougoslavie Av.
7	I14-J14	Alexandre III Pont
1	I20	Alexandre Rue d'
11	K25	Alexandrine Pass.
12	M22	Alger Cour d'
1	M17	Alger Rue d'
19	F27	Algérie Bd d'
10	H22	Alibert Rue
14	R14	Alice Sq.
12	M24	Aligre Pl. d'
12	M24	Aligre Rue d'
16	L6	Aliscamps Sq. des
20	J27	Allais Pl. Alphonse
12	O29	Allard Rue
7	K17	Allent Rue
15	O13	Alleray Ham. d'
15	P13	Alleray Jard. d'
15	P13	Alleray Pl. d'
15	P13	Alleray Rue d'
15	P13	Alleray Labrouste Jard.
15	O13	Alleray Quintinie Sq.
17	E11	Alliés Rue de l'Insp.
17	E11	Allez Rue Émile
18	B24	Allier Rue d'
8	I12	Alma Pl. de l'
8	J12	Alma Pont de l'
8	J12	Alma Pont de l'
8	J12	Alma Cité de l'
7	J12	Alma Pl. de l'
16	I12	Alma Pl. de l'
3	I20-I21	Alombert Pass.
19	F25	Alouettes Rue des
13	Q21	Alpes Pl. des
16	G10	Alphand Av.
13	Q19	Alphand Av.
18	K9	Alphonse XIII Av.
20	J28-K28	Alquier-Debrousse Al.
10	F21	Alsace Rue d'
19	F26	Alsace Villa d'
12	N25	Alsace-Lorraine Cour d'
19	E26	Alsace-Lorraine R. d'
19	F26	Amalia Villa
20	I25	Amandiers Rue des
18	H18	Amboise Rue d'
12	P25	Ambroisie Rue d'
7	K13	Amélie Rue
18	G27-H27	Amélie Villa
11	J22	Amelot Rue
17	E11	Amérique Latine Jardin de l'
15	L12	Amette Pl. du Card.
11	L25	Ameublement Cité de l'
13	C20	Amiens Sq. d'
18	C20	Amiraux Rue des
17	E13	Ampère Rue
14	O15	Amphithéâtre Pl. de l'
9	G16-E16	Amsterdam Rue d'
8	F16-G16	Amsterdam Cour d'
8	F16	Amsterdam Imp. d'
8	F16	Amsterdam Imp. d'
5	N19	Amyot Rue
6	L18	Anc. Comédie R. de l'
3	I20	Ancre Pass. de l'
18	K8	Andigné Rue d'
16	C20	Andrézieux Al. d'
18	E19	André Del Sarte Rue
8	F15	Andrieux Rue
18	E18	Androuet Rue
19	D23	Angers Imp. d'
5	L18	Anglais Imp. des
5	L19	Anglais Rue des
11	I23	Angoulême Cité d'
4	L21	Anjou Quai d'
8	H15	Anjou Rue d'
16	K10	Ankara Rue d'
20	I26	Annam Rue d'
14	R17	Annelets Rue des
14	R17	Annibal Cité
16	K9	Annonciation R. de l'
13	Q24	Anouilh Rue Jean
18	I8	Anselin Jard. du Gal
16	G9	Anselin Rue du Gal
11	M27	Antilles Pl. des
9	G17	Antin Cité d'
8	I13-I14	Antin Imp. d'
2	H17	Antin Rue d'
18	E18	Antoine Rue André
14	P17	Antoine Sq. Jacques
9	F19	Anvers Pl. d'
9	F19	Anvers Rue d'
17	C15	Apennins Rue des
6	L17	Apollinaire Rue G.
14	S16	Appell Av. Paul
16	H9	Appert Rue du Gal
11	K22	Appert Rue Nicolas
12	F21	Aqueduc Rue de l'
19	D26	Aquitaine Sq. d'
13	P18	Arago Bd
18	P18	Arago Bd
13	P19	Arago Bd
1	J19	Aragon Al. Louis
5	O19	Arbalète Rue de l'
7	J18	Arbre Sec Rue de l'
14	O13-O14	Arbustes Rue des
9	F11-G11	Arc de Triomphe R. de l'
18	G16	Arcade Rue de l'
9	C23	Archereau Rue
4	L20	Archevêché Pont de l'
4	L20	Archevêché Pont de l'
4	L20	Archevêché Quai de l'
12	O28	Archinard R. du Gal
18	B24	Archives Rue des
4	K20	Archives Rue des
3	J21	Archives Rue des
4	L19	Arcole Pont d'
4	L19	Arcole Rue d'
14	S17	Arcueil Porte d'
14	S18	Arcueil Rue d'
19	D25	Ardennes Rue des
5	N20	Arènes Rue des
5	N20	Arènes de Lutèce Sq. des
13	G15	Argenson Rue d'
1	I17	Argenteuil Rue d'
16	H10	Argentine Cité d'
16	G11	Argentine Rue d'
19	C24	Argonne Pl. de l'
19	C25	Argonne Rue de l'
2	I19	Argout Rue d'
16	N6	Arioste Rue de l'
17	D12	Arlandes R. du Marquis D'
17	F11	Armaillé Rue d'
12	N23	Armand Cour Louis
15	P9-O9	Armand Rue Louis
15	C17	Armand Villa
18	D17	Armée d'Orient R. de l'
17	F9	Armenonville Rue d'
15	O14	Armorique Rue de l'
12	P21	Armstrong Pl. Louis
12	K8	Arnauld Rue Antoine
12	K8	Arnauld Sq. Antoine
14	P17	Arnoult R. J.-Claude
12	P23	Aron Rue Raymond
13	Q23-P23	Arp Rue Jean
3	J22	Arquebusiers R. des
5	M20	Arras Rue d'
15	N15	Arrivée Rue de l'
4	M22	Arsenal Port de l'
4	M22	Arsenal Rue de l'
4	L22	Arsenal Rue de l'
5	O14	Arsonval Rue d'
12	N25	Artagnan Rue d'
14	R17	Artistes Rue des
8	H13	Artois Rue d'
12	M26	Arts Av. des
14	P15	Arts Pass. des
1	K18	Arts Pont des
6	K18	Arts Pont des
12	N24	Arts Rue des
18	D16	Arts Villa des
12	J23	Asile Pass. de l'
11	J23	Asile Popincourt R. de l'
17	C12	Asnières Porte d'
16	M16	Assas Rue d'
14	P15	Asseline Rue
18	E20	Assommoir Pl. de l'
18	K7	Assomption Rue de l'
13	R21	Astier De La Vigerie Rue des frères D'
8	G15	Astorg Rue d'
15	N15	Astrolabe Villa de l'
13	Q19	Atget Rue Eugène
9	F16	Athènes Rue d'
15	O15	Atlantique Jard.
19	G23	Atlas Rue des
19	G23	Atlas Rue de l'
2	K8	Aubé Rue du Général
9	G16-H17	Auber Rue
19	D22	Aubervilliers Imp. d'
8	A23	Aubervilliers Pte d'
18	B22-E22	Aubervilliers Rue d'
19	B22-E22	Aubervilliers Rue d'
4	M21	Aubigné R. Agrippa D'
12	E11-E12	Aublet Villa
7	P25	Aubrac Rue d'
18	K20-K21	Aubriot Rue
4	K26	Aubry Cité
4	J19-J20	Aubry le Boucher R.
14	R17	Aude Rue de l'
17	D12	Audiard Pl. Michel
16	E10	Audibert Jardin J.
18	E17	Audran Rue
19	M22-M22	Audubon Rue
20	L27	Auger Rue
7	K12-K13	Augereau Rue
18	J8-K8	Augier Bd Émile
18	F27	Aulard Rue Alphonse
17	F17-F18	Aumale Rue d'
13	R21	Aumont Rue
18	E11	Aumont Thièville R.
19	E9-F10	Aurelle de Paladines Boulevard d'
19	E25	Auric Rue Georges
13	O23-O20	Auriol Bd Vincent
13	N22-O22	Austerlitz Port d'
5	N21	Austerlitz Cité d'
12	N22	Austerlitz Pont d'
13	O22-O23	Austerlitz Quai d'
12	M22-M23	Austerlitz Rue d'
16	N8-M9	Auteuil Port d'
16	N5	Auteuil Rue d'
16	M6	Auteuil Porte d'
16	M6-M7	Auteuil Rue d'
16	L4	Auteuil à Suresnes
16	L5-M5	Auteuil aux Lacs R.
4	L21	Ave Maria Rue de
11	I24	Avenir Cité de l'
20	H26	Avenir Rue de l'
16	G10	Avenue du Bois Sq.
16	G9	Avenue Foch Sq. de
17	D12	Aveyron Sq. de l'
15	P9-O8	Avia Rue du Col. P.
19	M12	Avre Rue de l'
20	L27-L28	Avron Rue d'
18	D18	Aymé Pl. Marcel
18	E18	Azaïs Rue
		B
18	A17	Babinski Rue du D...
7	L14-L16	Babylone Rue de
12	O28-R29	Bac Rte du
7	K16-L16	Bac Rue du
13	Q22	Bach Rue J.-Séba...
2	I19	Bachaumont Rue
14	R14	Bachelard Al. Gas...
18	D19	Bachelet Rue
17	E11	Bacon Rue Roger
16	H4	Bagatelle Parc de
16	G5	Bagatelle Porte de
20	I29	Bagnolet Porte de
13	I28-K26	Bagnolet Rue de
13	Q25-R24	Baïf R. Jean-Antoi...
18	D19	Baigneur Rue du
1	J18	Baillet Rue
1	J18	Bailleul Rue
14	O15	Baillou Rue
3	I20	Bailly Rue
9	F18	Bailly R. de l'Age...
7	K15	Bainville Pl. Jacq...
13	T21	Bajac Sq. Robert
14	N16	Baker Pl. Joséphi...
13	P23	Balanchine Rue G...
15	P9	Balard Pl.
15	M9-O9	Balard Rue
7	I23-I24	Baleine Imp. de la
20	N6	Balfourier Av. du...
20	J28	Balkans Rue des
20	M29	Ballay Rue Noël
9	E16-F17	Ballu Rue
9	E16-F16	Ballu Villa
17	L12	Balny D'Avricourt
2	J19	Baltard Rue
8	G12-G13	Balzac Rue
2	H18-I18	Banque Rue de la
3	P20-P21	Banquier Rue du
18	F12-F12	Banville Rue Th. d...
6	N17	Bara Rue Joseph
15	L12	Baratier Rue du G...
13	C24-C25	Barbanègre Rue
18	C19-E19	Barbès Bd
7	K15-L15	Barbet De Jouy R.
3	K21	Barbette Rue
9	K12	Barbey D'Aurevil...
17	H23	Barbier Rue Augu...
14	S16	Barboux Rue Hen...
5	N18-O18	Barbusse Rue He...
18	N18-O18	Barbusse Rue He...
16	M8	Barcelone Pl. de
14	Q15	Bardinet Rue
15	E15	Baret Pl. Richard
14	O13-O14	Bargue Rue
16	H8	Barlier Jard. Mau...
18	A25	Baron Pl. Auguste
15	B16-C15	Baron Rue
13	Q19	Barrault Pass.
13	Q19-S19	Barrault Rue
19	F24-G24	Barrelet De Ricou...
4	K20	Barres Rue des
18	F6-F8	Barrès Bd Mauric...
1	I16	Barrès Pl. Mauric...
5	F7	Barrès Sq. du Cap...
12	M24	Barrier Imp.
18	D17	Barrière-Blanche Rue de la

Arr.	Grid	Name
	J20	Barrois Pass.
	F28	Barroux Al. Marius
	O13	Barruel Rue Paul
	E18	Barsacq Rue André
	K22	Bart Rue Jean
	R12-R13	Bartet Rue Julia
	E22	Barthélemy Pass.
	M14	Barthélemy Rue
	N24	Barthes Rue Roland
	L11	Bartholdi Rue
	J11-R12	Bartholomé Rue
	Q11	Bartholomé Sq. A.
	I7-I8	Barthou Av. Louis
	L10	Bartók Sq. Bela
	F13	Barye Rue
	M21	Barye Sq.
	R16	Basch Rue V. et H.
	I20	Basfour Pass.
	K24	Basfroi Pass.
	K23-L24	Basfroi Rue
	H27	Basilide Fossard Imp.
	H12	Bassano Rue de
	H12-H12	Bassano Rue de
	M19	Basse des Carmes R.
	M19	Basset Pl. de l'Abbé
	L22	Bassompierre Rue
	F23	Baste Rue
	G13-H13	Bastiat Rue Frédéric
	S23	Bastié Rue Maryse
	22-M22	Bastille Bd de la
	L22	Bastille R. de la
7		Bastille Pl. de la
	L22	Bastille Pl. de la
	L22	Bastille Rue de la
	K7	Bataille Sq. Henry
	E23	Bataille de Stalingrad Place de la
	E23	Bataille de Stalingrad Place de la
	O24	Bataillon du Pacifique Place
	20-L21	Bataillon Français ONU Corée Pl.
	16-F15	Batignolles Bd des
	16-F15	Batignolles Bd des
	15-E16	Batignolles Rue des
	D15	Batignolles Sq. des
	12-H13	Bauchart R. Quentin
	26-N25	Bauchat Rue du Sgt
	K8	Bauches Rue des
	24-M23	Baudelaire Rue Ch.
	C19	Baudelique Rue
	O29	Baudin Rue
	22-J23	Baudin R. Alphonse
	22-O22	Baudoin Rue
	R20	Baudoyer Pl.
	R20	Baudran Imp.
	22-R21	Baudricourt Rue
	O13	Baudry Rue Jacques
	H13	Baudry Rue Paul
	E23	Bauer Cité
	O25	Baulant Rue
	B28	Baumann Villa
	K12	Baumont Al. Maurice
	I13	Bausset Rue
	I13	Bayard Rue
	11-F12	Bayen Rue
	O21	Bayet Rue Albert
	S5	Bayle Rue Pierre
	19-O20	Bazeilles Rue de
	Q15	Bazille Sq. Frédéric
	L7	Bazin Rue René
	K22	Béarn Rue de
	J20	Beaubourg Imp.
	20-J20	Beaubourg Rue
	20-J20	Beaubourg Rue
	J21	Beauce Rue de
	3-G12	Beaucour Av.
	L22	Beaudouin Rues. Eug.
	L28	Beaufils Rue
	M10	Beaugrenelle Rue
	L25	Beauharnais Cité
	F23	Beaujeu Al. Annede
	I18	Beaujolais Gal. de
	I18	Beaujolais Pass. de
	I18	Beaujolais Rue de
	2-G13	Beaujon Rue
	G14	Beaujon Sq.
	K22	Beaumarchais Bd
11	K22	Beaumarchais Bd
4	K22	Beaumarchais Bd
7	K16-K17	Beaune Rue de
4	R16-R17	Beaunier Rue de
12	M8	Beauregard Pl. Paul
2	H19-H20	Beauregard Rue
12	S23	Beaurepaire Cité
10	H21-H22	Beaurepaire Rue
16	K7-K8	Beauséjour Bd
16	K8	Beauséjour Villa de
4	K22-L22	Beausire Imp. Jean
4	L22	Beausire Pass. Jean
4	L22	Beausire Rue Jean
4	L21-L22	Beautreillis Rue
5	M19	Beauvais R. Jean De
8	H15	Beauvau Pl.
6	K17	Beaux Arts Rue des
12	M24	Beccaria Rue
14	Q17	Beckett Al. Samuel
13	R18	Bécléré Pl. du Dr A.
13	R18	Becque Rue Henri
18	D18-D19	Becquerel Rue
13	S23	Bédier Av. Joseph
12	K10	Beethoven Rue
12	Q27	Béhagle Rue F. De
2	M26-N27	Bel Air Av. du
12	L23	Bel Air Cour du
17	N28	del Air Villa du
17	D11	Belagny Jard. Aug.
17	K24-K25	Belfort Rue de
7	K12-K13	Belgrade Rue de
20	I27-I28	Belgrand Rue
12	E19	Belhomme Rue
17	F10	Belidor Rue
2	I19	Bellan Rue Léopold
12	M13	Bellart Rue
17	E11	Bellat Sq. Jérôme
17	E23-E24	Belleau Villa Rémi
12	J16-K15	Bellechasse Rue de
9	F19	Bellefond Rue de
17	H9	Belles Feuilles Imp.
11	H9-I10	Belles Feuilles R. des
11	H23-H24	Belleville Bd de
11	H23-I24	Belleville Bd de
20	H24-H25	Belleville Parc de
19	G28-H24	Belleville Rue de
20	G28-H24	Belleville Rue de
17	F26	Bellevue Rue de
17	F26	Bellevue Villa de
18	B16-B20	Belliard Rue
18	B16-C16	Belliard Villa
13	R20	Bellier Dedouvre R.
17	O23	Bellièvre Rue de
12	J10	Bellini Rue
19	D22-E22	Bellot Rue
16	H11	Belloy Rue de
12	O24-P25	Belmondo Rue Paul
12	C25	Belvédère Rue du
13	F27-F28	Belvédère Av. du
10	F19-F20	Belzunce Rue de
2	I19	Ben Aïad Pass.
14	Q15-Q16	Bénard Rue
12	N27-N28	Bénard Villa Charles
12	M5-N5	Bennett Av. Gordon
12	M26	Benoist Rue Marie
16	H9	Benouville Rue de
16	L8	Béranger Ham.
3	I21-I22	Béranger Rue
4	L22	Bérard Cour
12	P19-P20	Berbier du Mets Rue
12	N23	Bercy Al. de
12	O23-O25	Bercy Bd de
12	P24	Bercy Parc de
12	O23	Bercy Pont de
12	O23	Bercy Pont de
12	O23-O25	Bercy Port de
12	Q26	Bercy Porte de
12	O23-Q25	Bercy Quai de
12	M22-P25	Bercy Rue de
20	L27	Bergame Imp. de
17	J18-J19	Berger Rue
19	E14-F14	Berger Rue Georges
18	L8	Bergerat Av. Émile
9	H18-H19	Bergère Cité
9	H18-H19	Bergère Rue
15	N10	Bergers Rue des
14	R18	Berges Hennequines Rue des
14	Q13	Bergson Pl. Henri
6	M16	Bérite Rue de
13	R24-R25	Berlier Rue Jean-B.
8	I14	Berlin Sq. de
16	G10	Berlioz Rue
9	E17	Berlioz Sq.
5	O18	Bernanos Av. G.
8	C18	Bernard Pl. Charles
17	F11	Bernard Pl. Tristan
2	O19-O20	Bernard Rue Claude
13	R19-R20	Bernard Rue Martin
5	L20-M19	Bernardins Rue des
18	C18	Berne Rue de
20	M27	Bernhardt Sq. Sarah
8	F15	Bernouilli Rue
12	O24	Bernstein Pl. Léonard
8	G13-H13	Berri Rue de
8	H13	Berri-Washington Gal.
9	G16	Berry Pl. Georges
8	H15-H16	Berryer Cité
3 ·	G13	Berryer Rue
11	L25	Bert Rue Paul
17	F10	Bertandeau Sq. Gaston
12	I28	Berteaux Rue Maurice
3	J20	Berthaud Imp.
20	G25	Berthaut R. Constant
12	E18	Berthe Rue
13	S21-S22	Bertheau Rue Charles
5	M19	Berthelot Pl. Marcellin
8	G12	Berthie Albrecht Av.
12	B15-E11	Berthier Bd
17	E11	Berthier Villa
5	O19	Berthollet Rue
8	I12	Bertillon Imp. du Dr J.
5	P14	Bertillon R. Alphonse
18	B22	Bertin Rue Émile
8	K19	Bertin Poirée Rue
16	K9	Berton Rue
12	I24	Bertrand Cité
7	M14	Bertrand Rue du Gal
17	E19	Bervic Rue
17	C15	Berzélius Pass.
17	C15	Berzélius Rue
17	I23-J23	Beslay Pass.
17	E12	Besnard Sq. Albert
14	N16-O17	Besse Al. Georges
17	B16-C14	Bessières Bd
17	C14	Bessières Rue
15	Q13	Bessin Rue du
4	L20-M21	Béthune Quai de
12	E15	Beudant Rue
5	N13	Beuret Pl. du Général
13	N13-O12	Beuret Rue du Gal
16	I12	Beyrouth Pl. de
8	I12	Beyrouth Pl. de
12	O16-O17	Bezout Rue
12	G22-H22	Bichat Rue
20	I25-I26	Bidassoa Rue de la
12	N24	Bidault Rue Ile
18	B17	Bienaimé Cité
12	G14-G15	Bienfaisance R. de la
15	N15-O15	Bienvenue Pl.
12	L20-M19	Bièvre Rue de la
12	O25	Bignon Rue
14	Q17	Bigorre Rue de
19	A25	Bigot Sente à
12	E24	Binder Pass.
4	A18-B18	Binet Jard. René
12	B18-B19	Binet Rue René
17	E14	Bingen Rue Jacques
17	E16	Biot Rue
18	K10	Bir Hakeim Pont de
4	K22-L22	Birague Rue de
9	F18	Biscarre Sq. Alex
12	L22-M22	Biscornet Rue
20	K28	Bissière Rue Roger
20	H24	Bisson Rue de
19	D24	Bitche Pl. de
5	L14	Bixio Rue
17	E16	Bizerte Rue de
16	I12	Bizet Rue Georges
12	O27-O26	Bizot Av. du Gal M.
13	F22-G22	Blache Rue Robert
5	N19	Blainville Rue
12	J24	Blaise Rue du Gal
13	A16-B16	Blaisot Rue Camille
20	I28	Blanc Rue Irénée
12	E21-F22	Blanc Rue Louis
20	K28	Blanchard Rue
14	Q13	Blanche Cité
18	E17	Blanche Imp. Marie
9	E17	Blanche Pl.
9	E17-G17	Blanche Rue
16	K7-L7	Blanche Rue du Dr
16	L7	Blanche Sq. du Dr
19	E25	Blanche Antoinette R.
12	P28	Blanchet Sq. Paul
4	J20-K21	Blancs Manteaux R. des
13	O18-O20	Blanqui Bd Auguste
13	O22	Blanqui Villa Auguste
11	K23	Blégny Villa Nicolas De
18	C18	Blémont Rue Émile
16	M9-N8	Blériot Quai Louis
9	G19	Bleue Rue
7	J14	Bleuet de France Rd-Pt du
17	L27	Bloch Pl. Marc
15	N13-O11	Blomet Rue
5	N13	Blomet Sq.
2	H20	Blondel Rue
3	H20	Blondel Rue
20	J28	Blondin Sq. Antoine
11	I24-I25	Bluets Rue des
17	K24	Blum Pl. Léon
12	M8-M9	Blumenthal Rue F.
13	R22	Blumenthal Sq. F.
3	Q20-S19	Bobillot Rue
15	Q13	Bocage Rue du
12	I12-I13	Boccador Rue du
9	E18-F18	Bochart De Saron R.
12	N11-O11	Bocquillon R. Henri
17	C15	Bodin Rue Paul
12	J9	Bœgner R. du Past. M.
9	F25	Bœrs Villa des
4	J20-K20	Bœuf Imp. du
5	M19	Bœufs Imp. du
2	H18	Boieldieu Pl.
16	N6-N7	Boileau Ham.
16	M7-O7	Boileau Rue
16	M7-N7	Boileau Villa
17	J7-K7	Boilly Rue Louis
13	C19-C20	Boinod Rue
19	F26-F27	Bois Rue des
19	G27	Bois d'Orme Villa du
16	G10	Bois de Boulogne R. du
17	A15-B15	Bois le Prêtre Bd du
16	K8-K9	Bois le Vent Rue
20	L28	Boisselat et Blanche Cité G. Ambroise
15	Q11	Boissier Rue Gaston
18	H10-I11	Boissière Rue
16	I11	Boissière Villa
12	E19	Boissieu Rue
14	O17	Boissonade Rue
8	H15-I15	Boissy d'Anglas Rue
13	R20	Boiton Pass.
12	D25	Boléro Rue
19	F23-G25	Bolivar Av. Simon
19	G24	Bolivar Sq.
16	L10	Bolivie Pl. de
16	A23	Bollaert Rue Émile
3	S22-T21	Bollée Av. Léon
16	K9	Bologne Rue Jean
20	K28	Bombois Rue Camille
14	K24	Bon Secours Imp.
6	K17-L17	Bonaparte Rue
13	M13-M14	Bonheur Rue Rosa
20	J27-K27	Bonnard Rue Pierre
16	L8	Bonnat Rue Léon
19	D19	Bonne Rue de la
11	L23-L24	Bonne Graine Passage de la
2	H19-H20	Bonne Nouvelle Bd de
10	H19-H20	Bonne Nouvelle Bd de
20	H20	Bonne Nouvelle Imp.
16	K9	Bonnet Av. du Col.
18	B17	Bonnet Rue
18	H23	Bonnet Rue Louis
1	J18	Bons Enfants R. des
18	H21	Bonsergent Pl. J.
3	J21	Borda Rue
16	J16-J17	Bords de l'Eau Ter. du
17	A15-B15	Borel Rue Émile
17	E13	Borel Rue Paul
17	B16-A15	Borel Sq. Émile
17	I25	Borey Rue Elisa
16	J8	Bornier Rue Henri De
20	G27-H26	Borrégo Rue du
20	G27	Borrégo Villa du
13	N13-O13	Borromée Rue
16	M7	Bosio Rue

Ar.	Plan	Rues / Streets
7	J12-L13	Bosquet Av.
7	K13	Bosquet Rue
7	J13	Bosquet Villa
15	O8	Bossoutrot R. Lucien
10	F20	Bossuet Rue
12	N24	Bossut Rue Charles
20	H25	Botha Rue
7	K16	Bottin Rue Sébastien
19	F25-G24	Botzaris Rue
10	H20-H21	Bouchardon Rue
7	J19	Boucher Rue
13	T21	Boucher Sq. Hélène
14	R13-R14	Boucher Rue Maur.
14	M14	Bouchut Rue
15	N10	Boucicaut Rue
7	L16	Boucicaut Sq.
18	C21	Boucry Rue
7	L8	Boudart Villa Patrice
20	H28	Boudin Pass.
16	L8-M8	Boudon Av.
9	H16	Boudreau Rue
7	L7-M7	Boufflers Av. de
7	K13	Bougainville Rue
7	O9	Bouilloux Lafont Rue
16	K8	Boulainvilliers Ham.
15	K9-L9	Boulainvilliers R. de la
9	F16	Boulanger Pl. Lili
	H21	Boulanger Rue René
5	M20	Boulangers Rue des
7	P17-Q16	Boulard Rue
15	B15-C15	Boulay Rue
7	C15	Boulay Rue
7	C15	Boulay Level Sq.
12	L23	Boule Blanche Pass.
9	G19	Boule Rouge Imp. de la
9	G19	Boule Rouge R. de la
16	G6-O5	Bouleaux Al. des
19	F28	Bouleaux Av. des
19	E23-F23	Bouleaux Sq. des
11	L25-M26	Boulets Rue des
15	Q15	Boulitte Rue
11	K23	Boulle Rue
11	F12	Boulnois Pl.
16	L5-M4	Boulogne à Passy Rte de
1	I18-J18	Bouloi Rue du
16	I11	Bouquet de Longchamp Rue
4	L20-L21	Bourbon Quai de
16	L17	Bourbon Le Château R.
17	D12	Bourdais Rue Jules
9	G18	Bourdaloue Rue
2	M25-M26	Bourdeau Rue Pierre
15	N15	Bourdelle R. Antoine
16	L9	Bourdet R. Maurice
8	I13	Bourdin Imp.
4	L22-M22	Bourdon Bd
7	J19	Bourdonnais Imp. des
7	J19-K19	Bourdonnais R. des
19	E23-F23	Bouret Rue
2	I20	Bourg l'Abbé Pass. du
3	I20-J20	Bourg l'Abbé Rue du
4	K20	Bourg Tibourg Pl. du
4	K20	Bourg Tibourg R. du
7	K11	Bourgeois Al. Léon
20	L27	Bourges R. Michel De
13	P22	Bourget Rue Paul
7	J15-K15	Bourgogne Rue de
13	R22	Bourgoin Imp.
13	R22	Bourgoin Pass.
12	N24	Bourgoin Pl. du Col.
13	S20-S21	Bourgon Rue
14	R14	Bournazel R. Henry De
13	S21-T21	Bourneville R. du Dr
17	E15	Boursault Rue
17	E15	Boursault Rue
18	D18	Bourseul Rue
15	O12-O13	Bourseul Rue
13	R18-S19	Boussingault Rue
4	L20	Boutarel Rue
5	L19	Boutebrie Rue
13	R18	Boutin Rue
12	M23-N24	Bouton Rue Jean
7	F21-G21	Boutron Imp.
12	S23-S24	Boutroux Av.
7	K12	Bouvard Av. Joseph
5	M19	Bouvart Imp.
11	L25	Bouvier Rue
11	L26-M26	Bouvines Av. de
11	M26	Bouvines Rue de
20	F22-G22	Boy Zelenski Rue
14	P15-Q15	Boyer Barret Rue
15	K10	Boylesve Av. René
18	H20	Brady Pass.
12	O26	Brahms Rue
12	O27	Braille Rue Louis
5	R12	Brancion Porte de
13	P13-O12	Brancion Rue
13	R12	Brancion Sq.
14	O15	Brancusi Pl. Constantin
7	J12-K11	Branly Quai
7	J12-K11	Branly Quai
3	J20	Brantôme Pass.
3	J20	Brantôme Rue
3	J20-J21	Braque Rue Georges
14	S17	Braque Rue Georges
13	Q19	Brassaï Jard.
15	O12	Brassens Parc G.
17	P23	Braudel Rue Fernand
15	L10	Brazzaville Pl. de
6	N16-N17	Bréa Rue
16	S23	Bréal Rue Michel
12	O26-P26	Brèche aux Loups Rue de la
17	B16	Bréchet Rue André
11	K23	Bréguet Rue
11	K23	Bréguet Sabin Sq.
13	E13	Brémontier Rue
13	E13	Brésil Pl. du
13	O7	Bresse Sq. de la
7	J21-J22	Bretagne Rue de
15	L14-M14	Breteuil Av. de
15	L14-M14	Breteuil Av. de
7	M14	Breteuil Pl. de
7	M14	Breteuil Rue de
1	J19	Breton Al. André
13	Q21	Breton Rue Jules
20	K20	Bretonneau Rue
4	L21	Bretonvilliers Rue de
17	G11-G12	Brey Rue
7	O16	Brézin Rue
7	J15	Briand Rue Aristide
15	G18-G19	Briare Imp.
19	F23	Brie Pass. de la
19	N27	Briens Stier
15	B16-C16	Brière Rue Arthur
16	I12	Brignole Rue
16	I12	Brignole Galliera Sq.
13	R18-S20	Brillat Savarin Rue
16	E23	Brindeau Al. du
18	E19	Briquet Pass.
18	E19	Briquet Rue
13	Q13-R13	Briqueterie Rue de la
4	J20-K20	Brisemiche Rue
2	M22	Brissac Rue de
18	B17	Brisson Rue Pierre
18	B17	Brisson Rue Henri
20	H26	Brizeux Sq.
5	O19	Broca Imp.
5	O19	Broca Rue
8	F13	Brocard Pl. du Gal
13	P25	Brochant Rue
13	P22	Broglie R. M. et L. De
2	H18	Brongniart Rue
4	K20	Brosse Rue de
5	O18	Brossolette Rue P.
16	L8-M8	Brottier Rue du Père
8	F12	Brouardel Av. du Dr
18	D18	Brouillards Al. des
18	Q18-R18	Broussais Rue
20	B15-C15	Brousse Rue du Dr P.
15	N14-O15	Brown Séquard Rue
13	P22	Bruant Rue
18	E17	Bruant Rue Aristide
16	G10-H9	Bruix Bd de l'Amiral
12	O17	Bruller Rue
12	M24	Brulon Pass.
14	R13-S16	Brune Bd
14	R15	Brune Villa
18	K9	Bruneau Rue Alfred
17	F10-G11	Brunel Rue
13	R24-R25	Bruneseau Rue
19	E24	Brunet Porte
19	E26-F25	Brunet Rue du Gal
17	B16	Brunet Rue Frédéric
13	C13-D12	Brunetière Av.
19	R15	Bruno Rue Giordano
7	P16	Brunot Pl. et Sq. F.
12	N24	Brunoy Rue
9	E16-E17	Bruxelles Rue de
8	F16	Bucarest Rue de
5	L19	Bûcherie Rue de la
6	L18	Buci Carr. de
5	L17-L18	Buci Rue de
9	F16	Budapest Pl. de
9	G16	Budapest Rue de
4	L20	Budé Rue Pierre
18	D20	Budin Rue Pierre
7	K11	Buenos Aires Rue de
9	G18	Buffault Rue
19	N22-O20	Buffon Rue
7	H10-H9	Bugeaud Av.
15	M7-M8	Buis Rue du
15	O5-P6	Buisson Av. Ferd.
7	D18	Buisson Sq. Suzanne
10	H23	Buisson St-Louis Pass.
15	G23-H23	Buisson St-Louis R. du
7	K13	Bülher Sq. Denys
19	H21	Bullet Rue Pierre
11	K24-L23	Bullourde Pass.
13	R19	Buot Rue
11	L26	Bureau Imp. du
11	K26	Bureau Pass. du
19	G23	Burnouf Rue
19	D18-E17	Burq Rue
13	Q19-Q20	Butte aux Cailles R.
19	E26-E27	Butte du Chapeau Rouge Sq. de la
5	L5	Butte Mortemart Rue
19	F25-G24	Buttes Chaumont Parc des
19	F25	Buttes Chaumont Villa des
13	C22-D22	Buzelin Rue
20	K27-L27	Buzenval Rue de
8	G12	Byron Rue Lord

Ar.	Plan	Rues / Streets
15	M12	Cabanel Rue Alex.
14	O18	Cabanis Rue
13	S19	Cacheux Rue
13	P18-P19	Cachot Sq. Albin
19	G18-G19	Cadet Rue
13	O24	Cadets de la France Libre Rue des
13	P18	Cadiou Sq. Henri
15	P11	Cadix Rue de
18	E19	Cadran Imp. du
13	I21-J21	Caffarelli Rue
13	S19-S20	Caffieri Av.
19	E26	Cahors Rue de
18	E21	Cail Rue
13	S21	Caillaux Rue
15	M10	Caillavet R. Gaston De
18	N29	Cailletet Rue
14	E22	Caillié Rue
14	R15	Cain Rue Auguste
3	K21	Cain Sq. Georges
8	G15	Caire Av. César
2	I19-I20	Caire Pass. du
2	I19	Caire Pl. du
2	I19-I20	Caire Rue du
9	E17	Calais Rue de
5	J10	Callas Al. Maria
12	I12	Callas Pl. Maria
6	K18	Callot Rue Jacques
5	C18	Calmels Imp.
5	C18	Calmels Rue
5	C18	Calmels Prolongée R.
5	O22	Calmette Sq. du Dr
7	E18	Calvaire Rue du
15	D18-E18	Calvaire Rue du
5	N19	Calvin Rue Jean
8	G15-H15	Cambacérès Rue
7	F26	Cambo Rue de
20	I26-I27	Cambodge Rue du
7	H16-I16	Cambon Rue
19	B24-C23	Cambrai Rue du
15	M12	Cambronne Pl.
15	M12-O13	Cambronne Rue
15	M12	Cambronne Sq.
14	Q13	Camélias Rue des
18	J10	Camoëns Av. de
7	K12	Camou Rue du Gal
15	O17	Campagne Première R.
12	P21	Campo Formio R. du
15	Q13	Camulogène Rue
10	F22	Camus Rue Albert
8	I14	Canada Pl. du
18	D21	Canada Rue du
10	G21	Canal Al. du
12	M28-N28	Canart Imp.
11	L24	Candie Rue de
5	O20	Candolle Rue de
6	L17	Canettes Rue des
14	P14	Cange Rue du
7	M17	Canivet Rue du
13	O26-O27	Cannebière Rue
13	R23-R24	Cantagrel Rue
11	L23	Cantal Cour du
19	D25	Cantate Villa
5	N20	Capitan Sq.
18	E20	Caplat Rue
12	P27	Capri Rue de
18	E16	Capron Rue
2	H16-H17	Capucines Bd des
9	H16-H17	Capucines Bd des
11	H16-H17	Capucines Rue de
2	H16-H17	Capucines Rue de
7	L6	Capus Sq. Alfred
15	O12	Carcel Rue
18	D20	Carco Rue Francis
7	C15	Cardan Rue
20	K28	Cardeurs Sq. des
6	L17	Cardinale Rue
17	D14-E14	Cardinet Pass.
17	C15-F12	Cardinet Rue
19	B23	Cardinoux Al. des
19	F25-G25	Carducci Rue
7	J19	Carême Pass. Ant.
5	M19	Carmes Rue des
17	G11	Carnot Av.
12	M29-N29	Carnot Bd
19	F26	Carnot Villa Sadi
17	E16	Caroline Rue
19	F27	Carolus Duran Rue
4	K21	Caron Rue
18	C17-D16	Carpeaux Rue
18	C17	Carpeaux Sq.
19	M19	Carré Jard.
8	H12	Carré d'Or Galerie
7	J18	Carrée Cour
15	L12	Carrel Rue Alexis
19	E24	Carrel Pl. Armand
19	E23-E24	Carrel Rue Armand
15	M12-M13	Carrier Belleuse R.
18	C17-D17	Carrière Rue Eugène
11	K25	Carrière Maingue...
11	K25	Carrière Maingue...
16	K10-K9	Carrières Imp. des
19	E26	Carrières d'Amér. R.
7	L12	Carriès Rue Jean
1	J17	Carrousel Jard. du
1	J17	Carrousel Pont du
1	J17-K17	Carrousel Pont du
6	J17-K17	Carrousel Pont du
7	J17-K17	Carrousel Pont du
20	I29	Cartellier Av.
18	C16-C17	Cartier Rue Jacques
19	Q14-R15	Carton R. de l'Abbé
18	O10-O11	Casablanca Rue
18	D18	Casadesus Pl.
13	Q23	Casals Rue Pao
15	M10	Casals Sq. Pablo
1	I17	Casanova R. Dan
2	I17	Casanova R. Dan
18	K6	Cascades Carr. des
20	G25-H26	Cascades Rue des
20	I28	Cascades R. Emile-P...
8	L17-M17	Cassette Rue
1	J19	Cassin Pl. René
14	O17-P18	Cassini Rue
15	P14-O12	Castagnary Rue
15	Q13	Castagnary Sq.
20	L27	Casteggio Imp. du
20	H25	Castel Villa
12	M23	Castelar Rue Eme...

D (continued)

Réf	Voie
E22	Département Rue du
D21-E22	Département Rue du
O6	Deport Rue du Lt-Col.
O28	Derain Rue André
C16	Deraismes R. Maria
D17-D18	Dereure Rue Simon
L12	Déroulède Av. Paul
L12-M12	Derry R. de l'Abbé R.
L11	Desaix Rue
L11	Desaix Sq.
H23	Desargues Rue
M7	Désaugiers Rue
S24	Desault R. P.-Joseph
J9	Desbordes Valmore R.
M19-N19	Descartes Rue
T17	Descaves Av. Lucien
J11-K12	Deschanel Al. Paul
K12-K13	Deschanel Av. Émile
E11	Descombes Rue
O25	Descos Rue
J14	Desgenettes Rue
M16-N16	Desgoffe Rue Blaise
C23	Desgrais Pass.
O24	Desgrange Rue Henri
Q14-R15	Deshayes Villa
G20-G21	Désir Pass. du
I26	Désirée Rue
P19-P20	Deslandres R. Émile
K24	Desmoulins R. Camille
D25	Desnos R. Robert
P10-P11	Desnouettes Rue
P10	Desnouettes Sq.
N20	Desplas Rue G.
P14-P15	Desprez Rue
J23-R23	Dessous des Berges Rue du
J9	Destrée Rue
F27-G27	Desvaux Rue Émile
L8	Detaille Rue Édouard
L12	Détrie Av. du Général
O6	Deubel Pl. Léon
S17	Deutsch de la Meurthe Rue Émile
K17	Deux Anges Imp. des
J21-R21	Deux Avenues R. de
K19	Deux Boules R. des
E11	Deux Cousins Imp. des
J18	Deux Écus R. des
F20-F21	Deux Gares Rue des
O21	Deux Moulins Jard. des
G16	Deux Néthes Imp. des
I18	Deux Pavillons Passage des
L20-L20	Deux Ponts Rue des
K28	Deux Portes Pass. des
G18	Deux Sœurs R. des
O15	Deuxième Division Blindée Allée de la
H27	Devéria Rue
L16	Deville Pl. Alphonse
M26	Dewet Rue Christian
I27-I28	Dhuis Rue de la
H25	Dhuit Av. du Père-Jul.
H25	Dhuit R. du Père-Jul.
G17	Diaghilev Pl.
G24	Diane De Poitiers Al.
D13	Diapason Sq.
D18-D18	Diard Rue
M8	Diaz Rue Narcisse
K10	Dickens Rue Charles
K10	Dickens Sq. Charles
N26-N22	Diderot Bd
N23	Diderot Cour
R14	Diderot Porte
R15-R14	Didot Rue
O12	Dierx Rue Léon
O6-O7	Dietz Monnin Villa
K27	Dieu Pass.
H22	Dieu Rue
S20-S20	Dieulafoy Rue
P5	Dijon Rue de
C19	Dijon Rue Joseph
B7	Dimey Rue Bernard
R22	Disque Rue du
P16	Divry Rue Antoine
N16	Dix-Huit Juin 1940 Pl. du
E10	Dixmude Bd de
E10	Dobropol Rue du
J18	Dodat Galerie Véro

Arr	Réf	Voie
12	P28	Dodds Av. du Gal
16	P6	Dode de la Brunerie Av.
10	G22	Dodu Rue Juliette
17	F11	Doisy Pass.
14	P18	Dolent Rue Jean
20	I24-I25	Dolet Rue Étienne
18	B17	Dollfus Rue Jean
5	N20	Dolomieu Rue
5	L19	Domat Rue
15	P12	Dombasle Imp.
15	P12	Dombasle Pass.
15	P12	Dombasle Rue
16	H11	Dôme Rue du
13	S20-T21	Dominé Rue du Col.
13	Q22-Q23	Domrémy Rue de
16	M7	Donizetti Rue
12	I8	Doornik Jard. Jan
15	N12	Dorchain Rue Aug.
17	D12	Dordogne Sq. de la
17	D12-E13	Doré Rue Gustave
12	P28	Dorée Porte
13	D26	Dorées Ste des
15	O6-P6	Doret Rue Marcel
18	D18	Dorgelès Carr. Rol.
12	M26	Dorian Av.
12	M26	Dorian Rue
18	D21-E21	Dormoy Rue Marx
16	H10-H9	Dosne Rue
9	E16-F17	Douai Rue de
14	R17	Douanier Rousseau R.
17	C13	Douaumont Bd de
4	L19	Double Pont au
18	D19-D21	Doudeauville Rue
16	J10-K9	Doumer Av. Paul
6	L17	Dragon Rue du
11	J19	Dranem Rue
17	F9	Dreux Rue de
18	E18	Drevet Rue
13	R18-R19	Dreyer Sq. André
9	M11	Dreyfus Al. Alfred
12	M24	Driancourt Pass.
1	I18-J18	Driant Rue du Col.
10	J10	Droits de l'Homme et des Libertés Parvis des
15	O15	Dronne Al. du Cap.
9	G18-H18	Drouot Rue
17	E15	Droux Rue Léon
12	M24	Druinot Imp.
10	L8	Dubail Av. du Gal
10	G21	Dubail Pass.
16	K9	Duban Rue
6	L18	Dubois Rue Antoine
19	E24	Dubois Pass.
18	E24	Dubois Rue André
19	E18-E19	Dubois Rue du Card.
14	Q17-Q18	Dubois Rue Émile
12	P28	Dubois Rue Marcel
3	I21	Dubois Rue Paul
20	G28-H27	Dubouillon R. Henri
18	J27	Dubourg Cité
12	O25-O26	Dubrunfaut Rue
12	P25	Dubuffet Rue
18	C18-C19	Duc Rue
19	R22	Duchamp R. Marcel
13	Q22	Duchefdelaville Imp.
13	P23-Q22	Duchefdelaville R.
16	P14	Duchêne Sq. H. et A.
15	M11	Duchêne Rue Henri
19	B23	Duchesne Rue J.
15	N13	Duclaux Rue Émile
11	J24	Dudouy Pass.
20	H26	Duée Pass. de la
20	H26	Duée Rue de la
8	H16	Dufot Rue
16	I8-I9	Dufrenoy Rue
16	O7	Dufresne Villa
20	I25-I26	Dufy Rue Raoul
12	O25-O26	Dugommier Rue
6	M17	Duguay Trouin Rue
15	L12	Du Guesclin Pass.
15	L12	Du Guesclin Rue
6	G23-G24	Du Guillet Al. P. ernette
13	Q24	Duhamel Jard. G.
18	B19-D18	Duhesme Rue
18	B19	Duhesme Pass.
16	O26	Dukas Rue
15	N14-N15	Dulac Rue

Arr	Réf	Voie
20	I28	Dulaure Rue
18	E18	Dullin Pl. Charles
17	D14-E15	Dulong Rue
11	L25-L26	Dumas Pass.
20	K27-L25	Dumas Rue Alex.
20	K27-L25	Dumas Rue Alex.
7	E11	Dumas R. Jean-Bapt.
20	G25	Dumay R. Jean-Bapt.
13	O20-P21	Duméril Rue
15	L11	Dumézil R. Georges
18	H27	Dumien Rue Jules
14	Q16-Q17	Dumoncel Rue Remy
16	H11-H12	Dumont D'Urville R.
14	Q16	Dunand Sq. de l'Aspt
7	S22	Dunand Rue Jean
8	H12	Dunant Pl. Henry
19	G24	Dunes Rue des
16	F20	Dunkerque Rue de
8	E19-F21	Dunkerque Rue de
13	P22-Q23	Dunois Rue
13	P22	Dunois Sq.
17	E14	Duparc Sq. Henri
18	E17-E18	Duperré Rue
3	I21	Dupetit Thouars Rue
3	I21	Dupetit Thouars Cité
1	H16-I16	Duphot Rue
16	M16	Dupin Rue
8	G10	Duplan Cité
15	L12-M11	Dupleix Rue
15	L12	Dupleix Pl.
15	D20	Duployé Rue Émile
11	J24	Dupont Cité
18	F22	Dupont Rue Pierre
8	G10-G9	Dupont Villa
15	H27-I27	Dupont de l'Eure Rue
7	J12-K13	Dupont des Loges R.
15	Q12	Dupré Rue Jules
3	I21-I22	Dupuis Rue
13	D21	Dupuy Imp.
19	M8	Dupuy Rue Paul
14	S23	Dupuy de Lôme Rue
6	L18	Dupuytren Rue
7	L13-M14	Duquesne Av.
14	O26	Durance Rue de la
14	Q13	Durand Claye R. Alf.
15	J24-J25	Duranti Rue
17	D17-E18	Durantin Rue
15	O10	Duranton Jard.
15	O10	Duranton Rue
8	H15	Duras Rue de
8	G10	Duret Rue
20	I25	Duris Pass.
20	I25	Duris Rue
5	P24-Q23	Durkheim Rue Émile
7	I24	Durmar Cité
14	M14	Duroc Rue
14	P16-O16	Durouchoux Rue
19	O12-P12	Duruy Rue Victor
15	G27	Dury Vasselon Villa
15	M11	Dussane Rue Béatrix
7	I19	Dussoubs Rue
15	Q15-R15	Duthy Rue
15	O14	Dutot Rue
4	I14-I15	Dutuit Av.
7	K21	Duval Rue Ferdinand
13	D23-D24	Duvergier Rue
19	J29	Duvernois Rue Henri
13	K13	Duvivier Rue

E

Arr	Réf	Voie
5	M19	Écosse Rue d'
4	K21	Écouffes Rue des
18	J7	Écrivains Combattants Morts pour la France Square des
8	F15	Écuyers Sentier des
8	F15	Edimbourg Rue d'
13	Q21-R22	Edison Av.
19	D24	Édit de Nantes Pl. de l'
9	H16	Edouard VII Sq.
9	H16	Edouard VII Pl.
9	H16	Edouard VII R.
19	F26	Égalité Rue de l'
4	L21	Eginhard Rue
13	N11	Église Imp. de l'
15	N10-N11	Église Rue de l'
16	M7-M8	Église d'Auteuil Pl. de l'
16	K7	Église de l'Assomption Place de l'
19	C24	Eiders Al. des
2	K11-K12	Eiffel Av. Gustave
8	I14	Eisenhower Av. du Gal
7	L14	El Salvador Pl.
18	D21	Eluard Pl. Paul
8	H15	Élysée Rue de l'
20	H25	Élysée Ménilmontant Rue de l'
8	H13-H14	Élysées 26 Galerie
8	H13	Élysées La Boétie Gal.
8	H13-H14	Élysées Rd-Point Gal.
3	K21	Elzévir Rue
19	D24	Émélie Rue
10	L10-M10	Émeriau Rue
20	H26	Emmery Rue
19	F25	Encheval Rue de l'
15	N14	Enfant Jésus Imp. de l'
20	I28	Enfantin R. du Pr. Prosp.
14	O17	Enfer Pass. d'
13	S21-T21	Enfert Rue Paulin
13	H19-H20	Enghien Rue d'
19	N11	Entrepreneurs Pass. des
15	M10-N11	Entrepreneurs R. des
15	M10	Entrepreneurs Vil. des
20	H25	Envierges Rue des
5	N19-N20	Épée de Bois R. de l'
6	L18	Éperon Rue de l'
17	B16-C15	Épinettes Rue des
17	C16	Épinettes Sq. des
17	B16	Épinettes Villa des
19	G24	Équerre Rue de l'
19	F6-F9	Érables Rte des
12	M24-N25	Érard Imp.
12	M25-N24	Érard Rue
5	N19	Erasme Rue
18	E20	Erckmann Chatrian R.
16	M7	Erlanger Av.
16	M7-N6	Erlanger Rue
16	M7	Erlanger Villa
20	N7	Ermitage Cité de l'
20	H26	Ermitage Rue de l'
20	H26	Ermitage Rue de l'
20	H26	Ermitage Villa de l'
18	E20	Ermite Rue Pierre l'
18	D20	Ernestine Rue
20	I25	Ernst Rue Max
13	O23	Escadrille Normandie-Niémen Pl. de l'
19	C23	Escaut Rue de l'
18	B18-B19	Esclangon Rue
12	R26	Escoffier Rue
9	F17	Escudier Rue Paul
7	J14	Esnault Pelterie R. Rob.
19	R19	Espérance Rue de l'
13	27	Esquerré Sq. de l'Ab.
13	P21	Esquirol Rue
5	O21	Essai Rue de l'
20	H26	Est Rue de l'
16	I11	Estaing R. de l'Amal D'
13	S22	Este Villa d'
20	M29	Esterel Sq. de l'
15	N10	Estienne Rue du Gal
13	H13	Estienne Rue Robert
9	G17	Estienne D'Orves Pl. D'
16	M7-M8	Estrade Cité Florent.
5	N19	Estrapade Pl. de l'
5	N19	Estrapade Rue de l'
19	G24	Estrées Al. Gab. D'
13	L13-L14	Estrées Rue d'
16	H11	États Unis Pl. des
18	C16-D16	Étex Rue

Ar.	Plan	Rues / Streets
18	C16-D16	Étex Villa
12	Q25	Etlin Rue Robert
16	G6-G8	Étoile Rte de l'
17	F11-G12	Étoile Rue de l'
11	L23	Étoile d'Or Cour de l'
8	H12	Euler Rue
20	H25	Eupatoria Pass. d'
20	H25	Eupatoria Rue d'
14	P15	Eure Rue de l'
8	F16	Europe Pl. de l'
18	B23-C22	Évangile Rue de l'
12	I27	Éveillard Imp.
19	D24	Evette Rue
16	M6-O7	Exelmans Bd
16	N7	Exelmans Ham.
7	K13	Exposition Rue de l'
11	I10-J10	Eylau Av. d'
16	H11	Eylau Villa d'

F

Ar.	Plan	Rues / Streets
7	J14-K14	Fabert Rue
19	F22	Fabien Pl. du colonel
19	F22	Fabien Pl. du Colonel
18	O12	Fabre Rue Ferdinand
18	A17-A19	Fabre R. Jean-Henri
12	M26-N26	Fabre d'Églantine R.
7	I23	Fabriques Cour des
3	P20-O21	Fagon Rue
14	S17	Faguet Rue Émile
11	L24	Faidherbe Rue
18	H9-I8	Faisanderie R. de la
16	H9	Faisanderie Villa de la
8	B17	Falaise Cité
12	I27	Falaises Villa des
17	F22	Falck Sq. Jean
18	D19	Falconet Rue
15	N15-P14	Falguière Cité
15	P14	Falguière Pl.
15	M11	Fallempin Rue
19	F25	Fallières Villa Arm.
15	O7	Fantin Latour Rue
17	E11-F11	Faraday Rue
6	M15	Fargue Pl. Léon-Paul
7	P8-P9	Farman Rue Henry
16	N5	Farrère Rue Claude
11	H22-H23	Faubourg du Temple Rue du
10	H23-I22	Faubourg du Temple Rue du
9	G18-H18	Faubourg Montmartre Rue du
10	E19-H19	Faubourg Poissonnière Rue du
9	E19-H19	Faubourg Poissonnière Rue du
11	L22-M26	Faubourg St-Antoine Rue du
12	L22-M26	Faubourg St-Antoine Rue du
10	E21-H20	Faubourg St-Denis Rue du
8	F12-H16	Faubourg St-Honoré Rue du
14	O18-P17	Faubourg St-Jacques Rue du
10	E22-H20	Faubourg St-Martin R. du
20	H25	Faucheur Villa
4	L21	Fauconnier Rue du
15	N11-O9	Faure Av. Félix
15	L11-L12	Faure Rue Edgar
12	M29-N29	Faure Rue Elie
15	O10	Faure Rue Félix
19	F26	Faure Villa Félix
17	E14	Fauré Sq. Gabriel
13	R22-R23	Fautrier Rue Jean
18	D22	Fauvet Rue
2	H18	Favart Rue
15	O13	Favorites Rue des
19	H8-I8	Fayolle Av. du Mal
12	P26-P27	Fécamp Rue de
15	K11-L12	Fédération Rue de la
6	L17	Félibien Rue
17	D14	Félicité Rue de la
10	F20	Fénelon Rue
9	F18	Fénelon Cité
15	O12	Fenoux Rue
5	O20	Fer à Moulin Rue du
20	I28	Ferber Rue du Cap.
8	F14	Ferdousi Av.
17	F11	Férembach Cité
18	O16-P16	Fermat Pass.
14	P16	Fermat Rue
20	H24	Ferme de Savy R. de la
10	G20	Ferme St-Lazare Cour
10	G20	Ferme St-Lazare Pass.
1	J18	Fermes Cours des
17	D14	Fermiers Rue des
6	M17	Férou Rue
7	M16	Ferrandi Rue Jean
7	K12	Ferrié Av. du Général
7	J19	Ferronnerie R. de la
14	Q18	Ferrus Rue
11	H22-I22	Ferry Bd Jules
10	O6-P6	Ferry Rue Abel
11	I22	Ferry Sq. Jules
19	F24-G25	Fessart Rue
19	F26-G26	Fêtes Pl. des
19	G26	Fêtes Rue des
5	N18	Feuillantines R. des
11	I16-I17	Feuillants Ter. des
10	J8	Feuillet Rue Octave
10	G23	Feulard Rue
18	D19-E19	Feutrier Rue
18	D18	Féval Rue Paul
2	H18	Feydeau Galerie
2	H18	Feydeau Rue
10	G20-G21	Fidélité Rue de la
4	L21	Figuier Rue du
3	J22	Filles du Calv. Bd des
3	J22	Filles du Calv. R. des
2	H18	Filles St-Thomas R. des
3	A22-B22	Fillettes Imp. des
18	C21	Fillettes Rue des
17	D15	Fillion Pl. Charles
7	J14	Finlande Pl. de
15	L10-L11	Finlay Rue du Dr
15	O13	Fizeau Rue
17	D12	Flachat Rue Eugène
19	O22-P23	Flamand R. Edmond
6	K19	Flamel Rue Nicolas
4	B18	Flammarion R. Cam.
12	C24-E22	Flandre Av. de
19	D23	Flandre Pass. de
15	H9-I8	Flandrin Bd
5	O19	Flatters Rue
17	E12-F12	Flaubert Rue Gust.
9	G18	Fléchier Rue
19	E27-F28	Fleming Rue Alex.
15	L10-M10	Flers Rue Robert De
17	F25	Fleurie Villa
17	C15	Fleurs Cité des
16	K20-L20	Fleurs Quai aux
16	M16-M17	Fleurus Rue de
18	E20	Fleury Rue
5	N12	Fleury Rue Robert
20	H28-H29	Fleury Sq. Emmanuel
19	C19-D19	Flocon Rue Ferd.
12	K11-L12	Floquet Av. Charles
13	S19	Florale Cité
16	M7	Flore Villa
7	A15	Floréal Av.
8	E16	Florence Rue de
2	F25	Florentine Cité
20	J27-K27	Florian Rue
19	Q14-O15	Florimont Imp.
7	B16	Flourens Pass.
14	G11-H9	Foch Av.
14	R16	Focillon R. Adolphe
3	K22	Foin Rue du
11	H22-J23	Folie Méricourt R. de la
11	J25	Folie Regnault Pass.
11	J25-K25	Folie Regnault Rue la
11	K25	Folie Regnault Sq. de la
10	G21-G22	Follereau Pl. Raoul
20	H28	Foncin Rue Pierre
19	F28	Fonck Av. René
5	M11-M12	Fondary Rue
15	M12	Fondary Villa
17	I23	Fonderie Rue de la
18	O25-O26	Fonds Verts Rue des
19	E17-F17	Fontaine à Mulard Rue de la
11	H22-H24	Fontaine au Roi Rue de la
19	D26	Fontaine aux Lions Place de la
18	C18-D18	Fontaine du But Rue de la
19	E25-E26	Fontainebleau Al. de
9	I21	Fontaines du Temple Rue des
17	E10	Fontanarosa Jard. Luc.
20	K27	Fontarabie Rue de
12	N25	Fontenay Pl. M. De
19	F26	Fontenay Villa de
7	L13	Fontenoy Pl. de
17	D12	Forain R. Jean-Louis
20	A26-B25	Forceval Rue
15	M10-M9	Forest Pl. Fernand
18	E16-E17	Forest Rue
13	S19	Forestier Sq. J.-C.-Nic.
3	J21	Forez Rue du
11	L24	Forge Royale R. de la
2	I19	Forges Rue des
16	N12	Formigé Rue Jean
14	R16-R17	Fort Rue Paul
14	B14-C13	Fort de Douaumont Bd du
17	C12-C13	Fort de Vaux Bd du
16	J7-M6	Fortifications Al. des
12	O27	Fortifications Rte des
8	H13	Fortin Imp.
13	O21	Fortin Rue Nicolas
17	E13	Fortuny Rue
5	M20	Fossés Saint-Bernard Rue des
5	M18-N19	Fossés Saint-Jacques Rue des
5	O20	Fossés Saint-Marcel Rue des
5	L19	Fouarre Rue du
4	R20	Foubert Pass.
3	P28-Q27	Foucauld Av. Ch. De
2	J11	Foucault Rue
20	G28-H28	Fougères Rue des
20	S21-S22	Fouillée Rue Alfred
13	Q24	Foujita Sq. Léonard
5	L17	Four Rue du
16	N12	Fourastié Rue Jean
15	L11	Fourcade R. M.-Mad.
15	O12	Fourcade Rue
17	F12	Fourcroy Rue
3	K21-L21	Fourcy Rue de
12	M28-M29	Foureau Rue Fernand
13	R20	Fourier Rue Charles
17	D15	Fourneyron Rue
10	H22	Fournier Pl. du Dr A.
8	J8	Fournier R. Édouard
12	O13	Fournier Sq. Alain
8	B18	Fournière Rue Eug.
19	F23	Fours à Chaux Pass. des
8	F15-G15	Foy Rue du Général
18	E18	Foyatier Rue
17	C14-C15	Fragonard Rue
12	M23	Fraisier Rue Ile
5	S23	Franc Nohain Rue
2	I19-J19	Française Rue
2	I19	Française Rue
7	K12	France Av. Anatole
3	P23-R24	France Av. de
7	J15-J16	France Quai Anatole
3	I21-I22	Franche Comté R. la
7	L24	Franchemont Imp.
7	K7-L6	Franchet d'Espérey Av. du Maréchal
18	C17-D18	Francœur Rue
14	R18	Francine R. Thomas
7	J12	Franco Russe Av.
18	C17-D18	Francœur Rue
7	O7	François Pl. Claude
8	H12-H14	François Ier R.
8	I13	François Ier Pl.
4	K21-K22	Francs Bourgeois R. des
3	J21-K22	Francs Bourgeois R. des
16	J10-K10	Franklin Rue B.
13	P13	Franquet Rue
10	J8	Franqueville R. de
20	G28	Frapié Rue Léon
19	E26-F26	Fraternité Rue de la
20	G24	Fréhel Pl.
16	M12	Frémicourt Rue
16	K10	Frémiet Av.
12	N23	Frenay Pl. Henri
20	K27	Fréquel Pass.
20	G29	Frères Flavien R. (...)
15	N11-O11	Frères Morane R. (...)
16	I12	Frères Périer R. de
16	Q8	Frères Voisin Bd d (...)
15	Q8	Frères Voisin Bd du (...)
18	I12-J11	Fresnel Rue
19	E27	Freud Rue Sigmun (...)
11	I11-I12	Freycinet Rue
20	R16	Friant Rue
20	H26	Friedel Rue Charle (...)
8	G12-G13	Friedland Av. de
9	E18-F18	Frochot Av.
9	E18-F18	Frochot Rue
14	O16-P17	Froidevaux Rue
3	J22	Froissart Rue
12	K23	Froment Rue
18	C17	Froment Pl. Jacqu (...)
19	E17	Fromentin Rue
11	K24-L25	Frot Rue Léon
12	A16	Fructidor Rue
13	O23	Fulton Rue
6	K17-L17	Furstenberg Rue d (...)
14	Q15	Furtado Heine Rue
5	O18	Fustel de Coulang (...)

G

Ar.	Plan	Rues / Streets
12	M28-N28	Gabon Rue du
8	H14-I15	Gabriel Av.
16	N15	Gabriel Villa
18	E18	Gabrielle Rue
13	Q24	Gadets de la Fran (...) Libre Rue des
15	O13	Gager Gabillot Ru (...)
20	G27	Gagliardini Villa
18	H8-H9	Gaillard Pass. souterrain Henri
2	H17	Gaillon Pl.
2	H17-I17	Gaillon Rue
7	O16	Gaïté Imp. de la
15	O15-O16	Gaïté Rue de la
5	L19	Galande Rue
8	H12	Galilée Rue
16	H12-I11	Galilée Rue
15	O13	Galland Rue Victoi (...)
15	L25	Gallé Sq. Emile
20	J28-K27	Galleron Rue
20	M29	Gallieni Av.
7	J14-K14	Gallieni Av. du Ma (...)
15	O7	Gallieni Bd
16	I12	Galliera Rue de
16	G29	Galois Rue Evaris (...)
17	E11	Galvani Rue
15	O9-P10	Gama Rue Vasco
20	G28-J25	Gambetta Av.
20	G27-H27	Gambetta Pass.
20	I27	Gambetta Pl.
20	I23	Gambey Rue
20	L28	Gambon Rue Ferd (...)
13	P23	Gance Rue Abel
19	F8-G6	Gandhi Av. du Ma (...)
13	S21	Gandon Rue
7	J28	Ganne Rue Louis
18	D16	Ganneron Rue
18	D16-E16	Ganneron Rue
15	R12-R13	Garamond Rue Cl (...)
12	L17-M17	Garancière Rue
20	I28	Garat Rue Martin
20	M29	Garcia Rue Cristin (...)
7	J19	Garcia Lorca Al. F (...)
18	D20-E20	Gardes Rue des
11	J24	Gardette Sq. Mau (...)
13	P24	Gare Port de la
13	R25	Gare Porte de la
13	O23-P23	Gare Quai de la
13	A23	Gare Rue de la
20	L28	Gare de Charonne (...) Jardin de la
12	N26-O26	Gare de Reuilly Pl (...)
14	P15	Garenne Pl. de la
15	M13-N14	Garibaldi Bd
5	O7-O8	Gargliano Pont (...)
9	H17	Garnier Pl. Charle (...)
7	B16	Garnier Rue Fran (...)
19	N15	Garnier Villa
19	D25	Garonne Quai de (...)
18	E18	Garreau Rue

Ar.	Plan	Rues / Streets
5	O21	Hôpital Bd de l'
13	N22-Q20	Hôpital Bd de l'
10	G22	Hôpital St-Louis R. de l'
1	K18-K19	Horloge R. de l'
3	J20	Horloge à Automates Passage de l'
14	Q14	Hortensias Al. des
5	K21	Hospitalières Saint-Gervais Rue des
5	L19	Hôtel Colbert R. de l'
4	K21	Hôtel d'Argenson Impasse de l'
4	L20	Hôtel de Ville Port de l'
4	K20	Hôtel de Ville R. de l'
9	K20-L20	Hôtel de Ville Quai de l'
4	K20-L21	Hôtel de Ville R. de l'
4	L21	Hôtel St-Paul R. de l'
20	I25-J25	Houdart Rue
15	O10	Houdart De Lamotte R.
11	H23	Houdin Rue Robert
18	E18	Houdon Rue
5	N21	Houël Rue Nicolas
20	I25	Housseaux Villa des
8	G12	Houssaye R. Arsène
13	P20-Q20	Hovelacque R. Abel
9	M12	Hubert-Monmarché Pl.
18	B17	Huchard Rue Henri
18	A17-B17	Huchard Sq. Henri
5	L19	Huchette Rue de la
14	G11-I8	Hugo Av. Victor
16	H10	Hugo Pl. Victor
16	I9	Hugo Villa Victor
20	M28	Huguenet Rue Félix
18	E23	Hugues Rue Clovis
15	H8-H9	Hugues Rue Jean
13	G20-G21	Huit Mai 1945 Rue du
10	F19-G19	Huit Novembre 1942 Place du
	I18	Hulot Rue
15	M9	Humbert Pl. Alph.
14	R13	Humbert Rue du Gal
15	L11	Humblot Rue
13	D24	Humboldt R. Alex. De
8	J10	Hussein Ier de Jordanie Avenue
17	Q22	Hutinel R. Dr Victor
14	O16	Huyghens Rue
15	M17-N16	Huysmans Rue
15	O15	Hymans Sq. Max

Ar.	Plan	Rues / Streets
17	D10-D11	Ibert Rue Jacques
20	K8	Ibsen Av.
16	H12-J11	Iéna Av. d'
7	I11	Iéna Pl. d'
7	J11-K11	Iéna Pont d'
4	L20	Ile-de-France Sq. de l'
12	M27	Ile de la Réunion Place de l'
4	P17-P18	Ile de Sein Pl. de l'
11	M26	Immeubles Industriels Rue des
19	D26-E26	Indochine Bd d'
20	J27	Indre Rue de l'
11	I24	Industrie Cité de l'
11	L25	Industrie Cour de l'
11	H20	Industrie Pass. de l'
13	S21	Industrie Interne Rue
11	J24-K24	Industrielle Cité
12	N28-N29	Indy Av. Vincent D'
	J18	Infante Jard. de l'
13	H23-H24	Ingold Pl. du Général
16	K7-K8	Ingres Av.
	J19	Innocents Rue des
5	K17-K18	Institut Pl. de l'
15	O11	Insurgés de Varsovie Place des
7	L14	Intendant Jard. de l'
8	G16	Intérieur Rue
13	S20	Interne Loëb R. de l'
7	J14-J15	Invalides Port des
7	K14-M15	Invalides Bd des
7	J14	Invalides Espl. Des
7	K14	Invalides Pl. des
7	I14-J14	Invalides Pont des
5	S19	Iris Rue des
19	F27	Iris Villa des
5	N19	Irlandais Rue des

Ar.	Plan	Rues / Streets
16	M7	Isabey Rue
18	E20	Islettes Rue des
13	G16	Isly Rue de l'
17	E13	Israël Pl. d'
15	P10	Issy-les-Moulineaux Porte d'
15	O8-P7	Issy-les-Moulineaux Rue d'
13	Q20-S21	Italie Av. d'
13	Q20	Italie Pl. d'
13	T21	Italie Porte d'
13	R20	Italie Rue d'
2	H17	Italiens Bd des
9	H17	Italiens Bd des
9	H17	Italiens Bd des
13	R21-S22	Ivry Av d'
13	S23	Ivry Porte d'
13	R25	Ivry Quai d'

J

Ar.	Plan	Rues / Streets
6	K17-L18	Jacob Rue
13	S20	Jacob Rue Max
11	I23	Jacquard Rue
9	N12	Jacquemaire Clemenceau R. du Dr
13	D15-D16	Jacquemont Rue
17	D15	Jacquemont Villa
18	P15	Jacques R. Édouard
14	Q15	Jacquier Rue
17	F13	Jadin Rue
5	N20	Jaillot Rue
13	H26-H27	Jakubowicz Rue Hél.
13	S19	Jambenoire Al. Mar.
18	F22	Jammes Rue Francis
16	Q15-H15	Jamot Villa
18	G24	Jandelle Cité
16	J9	Janin Av. Jules
19	F26-F27	Janssen Rue
20	I27	Japon Rue du
11	K24	Japy Rue
5	N21	Jardin des Plantes
6	L18	Jardinet Rue du
11	L26	Jardiniers Imp. des
12	P26	Jardiniers Rue des
4	L21	Jardins St-Paul R. des
4	K21	Jarente Rue de
10	G20	Jarry Rue
16	L7	Jasmin Cour
16	L7-L8	Jasmin Rue
16	L7	Jasmin Sq.
12	M26	Jaucourt Rue
19	D26-E22	Jaurès Av. Jean
15	N8-M9	Javel Port de
15	M9-O11	Javel Rue de
13	R22	Javelot Rue du
4	L22	Jean XXIII Sq.
13	Q22	Jeanne d'Arc Pl.
13	P21	Jeanne d'Arc Rue
13	Q20	Jégo R. Jean-Marie
13	F22-H22	Jemmapes Quai de
13	P21-P22	Jenner Rue
18	E20-E21	Jessaint Rue de
18	E21	Jessaint Sq.
11	I22	Jeu de Boules Pass. du
2	H18-H19	Jeûneurs Rue des
14	Q15	Joanès Pass.
14	Q15	Joanès Rue
15	P12	Jobbé Duval Rue
16	I9	Jocelyn Villa
18	D16	Jodelle Rue Étienne
9	L12-L13	Joffre Pl.
17	C19	Joffrin Pl. Jules
19	C24-D24	Joinville Imp. de
19	D24	Joinville Pl. de
19	C24-D24	Joinville Rue de
14	O16	Jolivet Rue
11	J24	Joly Cité
13	D24	Jomard Rue
13	Q19-Q20	Jonas Rue
19	O9	Jongkind Rue
13	Q13-Q14	Jonquilles Rue des
13	Q14-Q15	Jonquoy Rue
18	B18	Joséphine Rue
20	K27-L27	Josseaume Pass.
11	L23	Josset Pass.
11	F12-F13	Jost Rue Léon
19	G16-G17	Joubert Rue
11	DE98	Joudrier Imp.

Ar.	Plan	Rues / Streets
9	G18-H18	Jouffroy Pass.
17	D14-E12	Jouffroy D'Abbans R.
10	H21-H22	Jouhaux Rue Léon
7	I19-J19	Jour Rue du
20	G25	Jourdain Rue du
1	S16-S19	Jourdan Bd
19	D25	Jouve R. Pierre-Jean
6	L17-M17	Jouvenel R. Henry De
15	N7-O7	Jouvenet Rue
16	N7	Jouvenet Sq.
4	K21-L21	Jouy Rue de
4	D18	Jouy Rue Jules
20	G24-H24	Jouye Rouve Rue
7	P23	Joyce Jard. James
3	B16	Joyeux Cité
15	M12	Judlin Sq. Théodore
13	N29	Jugan Rue Jeanne
15	L11-M11	Juge Rue
15	M11	Juge Villa
4	K20	Juges Consuls R. des
20	I25-I26	Juillet Rue
17	E12	Juin R. du Maréchal
14	R18	Julien R. de l'Empereur
13	P19	Julienne Rue de
6	O17-O18	Jullian R. Camille
18	J18	Jullien Rue Adolphe
19	D26	Jumin Rue Eugène
18	D18	Junot Av.
13	O20	Jura Rue du
11	I19	Jussienne Rue de la
5	M20	Jussieu Pl.
5	M20-N21	Jussieu Rue
4	K20	Justes de France R. des
18	H28	Justice Rue de la

K

Ar.	Plan	Rues / Streets
18	E21	Kablé Rue Jacques
19	E22	Kabylie Rue de
13	Q24	Kafka Rue Franz
18	B19	Kahn Pl. Albert
15	O14	Kandinsky Pl. Wassily
9	G18	Kaplan Pl. Jacob
1	J18	Karcher Pl. du Lt H.
18	J27	Karcher Sq. Henri
19	B24-C24	Karr Rue Alphonse
5	N19	Kastler Pl. Alfred
11	K23-L23	Keller Rue
11	M10-M9	Keller R. de l'Ing. R.
13	S19-S21	Kellermann Bd
7	T20	Kellermann Parc
7	B16	Kellner Rue Jacques
15	K10-L9	Kennedy Av. du Pdt
15	H12	Kepler Rue
7	K28	Kergomard Rue Paul.
12	P24-P25	Kessel Rue Joseph
15	S20	Keufer Rue
9	G11-J10	Kléber Av.
16	H11	Kléber Imp.
19	F27-G27	Kock Rue Paul De
19	E10	Koenig Al. du Gal
19	F10	Koenig R. du Gal
18	B22-C22	Korsakov R. Rimski
19	D25	Kosma Rue Joseph
11	G18	Kossuth Pl.
18	C19	Kracher Pass.
13	S20	Küss Rue
15	K11	Kyoto R. de

L

Ar.	Plan	Rues / Streets
8	G14	La Baume Rue de
15	G15-H13	La Boétie Rue
7	J12-L13	La Bourdonnais Av. de
7	J11-J12	La Bourdonnais Port de la
7	N20	La Brosse R. Guy De
15	F17-F18	La Bruyère Rue
17	F17	La Bruyère Sq.
19	D25	La Champmeslée Sq.
13	D16-E15	La Condamine Rue
9	E22-G17	La Fayette Rue
18	F20-E22	La Fayette Rue
2	I18	La Feuillade Rue
2	I18	La Feuillade Rue
18	N7	La Fontaine Rd-Point
16	L8-L9	La Fontaine Ham.
16	L9-M7	La Fontaine Rue
16	L8	La Fontaine Sq.
17	G11	La Forge R. Anatole De

Ar.	Plan	Rues / Street
15	O13	La Fresnaye Villa
18	O6	La Frilière Av. de
17	C14-C15	La Jonquière Imp.
17	C15-C16	La Jonquière Rue
7	H17	La Michodière R. de
7	K13-M12	La Motte Picquet A
15	L12	La Motte Picquet S
7	L12-M12	La Motte Piquet Av
16	H11	La Pérouse Rue
7	L16	La Planche Rue de
15	O13	La Quintinie Rue
4	J19	La Reynie Rue de
4	J19	La Reynie Rue de
9	F17-G17	La Rochefoucauld
7	L15-L16	La Rochefoucauld Square de
12	P28	La Roncière Le No Rue de l'Amal
7	M14	La Sizeranne R. M
7	I17	La Sourdière Rue
9	F18	La Tour d'Auvergn Impasse de
9	F18-F19	La Tour d'Auvergn Rue de
7	J14-L14	La Tour Maubourg Boulevard de
7	K13	La Tour Maubourg Square de
7	I12-I13	La Trémoille Rue d
11	K25	La Vacquerie Rue
16	P6-P7	La Vaulx R. Henry
18	E18	La Vieuville Rue d
7	I18	La Vrillière Rue
18	D19-D20	Labat Rue
20	H27	Labaudie Sq. Amic
18	H28	Labbé Rue du Dr
19	G24	Labé Al. Louise
19	J8	Labiche Rue Eugè
5	F10-F11	Labie Rue
13	C22-C23	Labois Rouillon Ru
8	G15	Laborde Rue de
18	B18	Labori Rue Fernan
7	L15	Labouré Jard. Cath
5	O13	Labrador Imp. du
5	P14-O13	Labrouste Rue
20	I25	Labyrinthe Cité du
14	R18-S18	Lac Al. du
17	C16	Lacaille Rue
14	R17	Lacaze Rue
5	N19-N20	Lacépède Rue
18	P25	Lachambeaudie Pl
18	C20	Lachapelle Rue He
13	J23-J24	Lacharrière Rue
13	S22	Lachelier Rue
15	N10-N9	Lacordaire Rue
12	P27-P28	Lacoste Rue Ernes
15	P11	Lacretelle Rue
17	C16-D15	Lacroix Rue
20	G24-I25	Lacroix Rue Louis
11	I5	Lacs à Bagatelle R
11	H8-I7	Lacs à la Pte Dau Al. cavalière des
16	G8-H8	Lacs à la Pte des Sablons Rte des
16	G6-H6	Lacs à Madrid Rte
16	K6-K7	Lacs à Passy Rte
12	M22-M23	Lacuée Rue
7	D11-C12	Lafay Prom. Berna
14	R13-R14	Lafenestre Av. G.
9	F18	Laferrière Rue
9	G18-H18	Laffitte Rue
18	O6-P6	Lafont Av. George
17	F25	Laforgue Villa Jul
16	N16	Lafue Pl. Pierre
5	C16	Lagache Rue du D
5	O19	Lagarde Rue
5	O19	Lagarde Sq.
18	D20	Laghouat Rue de
13	C16-C17	Lagille Rue
20	L28-M28	Lagny Pass. de
20	M27-M29	Lagny Rue de
7	L19	Lagrange Rue
13	Q22	Lahire Rue
19	N11-N12	Lakanal Rue
7	P16	Lalande Rue
18	F18	Lallier Rue
16	G9	Lalo Rue
17	D15-E15	Lamandé Rue

Grille	Nom
J10	Mignot Sq.
F26	Mignottes Rue des
F16	Milan Rue de
D26-E25	Milhaud Al. Darius
D25	Mille Rue Adolphe
P11-Q11	Mille Rue Pierre
L8	Milleret De Brou Av.
L8	Millet Rue François
O11	Millon Rue Eugène
E11	Milne Edwards Rue
B16-B17	Milord Imp.
F18-G18	Milton Rue
S19	Mimosas Sq. des
O25	Minervois Cour du
K22	Minimes Rue des
P17	Minjoz Rue Jean
M13-N12	Miollis Rue
S19-T19	Miomandre R. Fr. De
M8-M9	Mirabeau Pont
M8-N7	Mirabeau Rue
O20	Mirbel Rue de
S18	Mire Al. de la
D18	Mire Rue de la
K28	Miribel Pl. Marie De
S21	Miro Jard. Juan
F14-H15	Miromesnil Rue de
K20-K21	Miron Rue François
L7-M7	Mission Marchand Rue de la
L16	Missions Étrangères Square des
O10	Mistral Rue Frédéric
O10	Mistral Villa Frédéric
L14	Mithouard Pl. du Pdt
N14-O14	Mizon Rue
E24	Moderne Av.
Q16	Moderne Villa
O9	Modigliani Rue
O15	Modigliani Ter.
G17	Mogador Rue de
C16-D15	Moines Rue des
G22-G23	Moinon Rue Jean
N15	Moisant Rue Armand
J13	Moissan Rue Henri
N7	Molière Av.
J20	Molière Pass.
I17	Molière Rue
D22	Molin Imp.
N6	Molitor Porte
N6-N7	Molitor Rue
N7	Molitor Villa
F11-G11	Moll Rue du Colonel
B23	Mollaret Al. Pierre
F14-G14	Mollien Rue
D13	Monbel Rue de
F14	Monceau Parc de
F15-G13	Monceau Rue de
E15	Monceau Sq.
E12	Monceau Villa
D16	Moncey Pass.
F16-F17	Moncey Rue
G17	Moncey Sq.
P14	Monclar Pl. du Gal
J19	Mondétour Rue
I28	Mondonville Rue
L18	Mondor Pl. Henri
N6	Mondovi Rue de
E25-F25	Monet Villa Claude
N20	Monge Pl.
M19-O20	Monge Rue
N29	Mongenot Rue
G23	Monjol Rue
N12	Monmarché Pl. Hub.
J18-K18	Monnaie Rue de la
I9	Monnet Pl. Jean
F18	Monnier Rue Henry
I25	Monplaisir Pass.
F27	Monselet Rue Ch.
L15-M15	Monsieur Rue
L18-M18	Monsieur le Prince R.
H17-I17	Monsigny Rue
K27	Monsoreau Sq. de
N9	Mont Aigoual Rue du
B19	Mont Blanc Sq. du
B19-D18	Mont Cenis Pass. du
E16	Mont Doré Rue du
K25	Mont Louis Imp. de
I16	Mont Thabor Rue du

Arr.	Grille	Nom
15	N15	Mont Tonnerre Villa du
5	N20	Montagne Rue
15	O9	Montagne d'Aulas Rue de la
15	N9-O9	Montagne de l'Espérou Rue de la
15	O9	Montagne de la Fage Rue de la
15	N9	Montagne du Goulet Pl.
5	M19	Montagne Sainte-Geneviève Rue de la
8	H14-I13	Montaigne Av.
7	K16	Montalembert Rue de
18	H15	Montalivet Rue de
15	P12	Montauban Rue
14	O16-O17	Montbrun Pass.
14	O17	Montbrun Rue
5	C17-C18	Montcalm Rue
18	C18	Montcalm Villa
18	K26-K27	Monte Cristo Rue
5	L19-L20	Montebello Port de
5	L19-L20	Montebello Quai de
15	O13	Montebello Rue de
14	R13-R14	Monteil Rue du Col.
12	O28	Montempoivre Pte de
13	O27-O28	Montempoivre R. de
12	O27	Montempoivre Sentier de
19	G27	Montenegro Pass. du
17	F12-G11	Montenotte Rue de
12	M28-N28	Montéra Rue
19	J18	Montespan Av. de
1	J18	Montesquieu Rue
2		Montesquieu Fezensac Rue
16	H8-I8	Montevideo Rue de
6	L17	Montfaucon Rue de
12	N25	Montgallet Pass.
12	N25	Montgallet Rue
3	I21	Montgolfier Rue
13	R20	Montgolfière Jard. de la
7	J16	Montholon Pl. H. de
9	F16	Monthiers Cité
8	G19	Montholon Rue de
20	I27-I28	Montibœufs Rue des
14	S16	Monticelli Rue
9	H18	Montmartre Bd
1	H18-I19	Montmartre Rue
2	H18	Montmartre Bd
2	I19	Montmartre Cité
18	B18	Montmartre Galerie
18	B18	Montmartre Porte
16	M7	Montmorency Villa de
18	K6-M6	Montmorency Bd de
8	J20-J21	Montmorency R. de
3	I19-J19	Montorgueil Rue
12	N16	Montparnasse Rue
6	M15-O18	Montparnasse Bd du
15	M15-O18	Montparnasse Bd du
15	M15-O18	Montparnasse Bd du
6	N16	Montparnasse Pass.
6	N16	Montparnasse R. du
2	I18	Montpensier Galerie
1	I18	Montpensier Rue de
20	L29	Montreuil Porte de
11	L24-L27	Montreuil Rue de
14	R15	Montrouge Porte de
14	R18-S17	Montsouris Al. de
14	S18	Montsouris Parc de
14	R17	Montsouris Sq. de
9	J12	Monttessuy Rue de
16	I9	Montyon Rue de
16	C15-C16	Môquet Rue Guy
11	H23-I23	Morand Rue
5	G11	Morandat Pl. Y. et C.
14	O15	Morard Rue Louis
11	D11	Moréas Rue Jean
19	F23-F24	Moreau R. Mathurin
12	L23-M23	Moreau Rue
18	D16	Moreau R. Régisippe
14	R15-R16	Morère Rue
14	I24	Moret Rue
15	L11-L12	Morieux Cité
15	P12-Q13	Morillons Rue des
3	I20	Morin Sq. du Général
11	O25	Morin Sq. Jean
4	L21	Morland Bd
14	M22	Morland Pont

Arr.	Grille	Nom
4	M22	Morland Pont
17	M22	Morel Imp.
9	F17-G17	Morlot Rue
14	M22	Mornay Rue
14	P15	Moro Giafferi Pl. de
5	S19	Morot Rue Aimé
10	G21-G22	Mortenol Rue du Cdt
20	G28-I28	Mortier Bd
11	J24	Morvan Rue du
13	R19	Morveau R. Guyton De
8	E15-F16	Moscou Rue de
19	E23-E24	Moselle Pass. de la
19	E23	Moselle Rue de la
18	B17	Moskova Rue de la
13	R18-S19	Mouchez R. de l'Amal
13	R18-S19	Mouchez R. de l'Amal
14	O15	Mouchotte R. du Cdt A.
5	N19-O19	Mouffetard Rue
5	N19-N20	Mouffetard Monge Gal.
11	J23-K23	Moufle Rue
20	I28	Mouillard Rue Pierre
14	R15-R16	Moulin Av. Jean
5	N15	Moulin Sq. Jean
11	L26	Moulin Dagobert Villa du
13	S21	Moulin de la Pointe Jardin du
13	R21-S20	Moulin de la Pointe Rue du
13	P14	Moulin de la Vierge Jardin du
13	P14	Moulin de la Vierge Rue du
13	P15	Moulin des Lapins R. du
13	Q20	Moulin des Prés Pass. du
13	Q20-R20	Moulin des Prés R. du
5	H24	Moulin Joly Rue du
14	Q16	Moulin Vert Imp. du
13	Q15-Q16	Moulin Vert Rue du
13	R20	Moulinet Pass. du
13	R20	Moulinet Rue du
16	I4	Moulins Rte des
1	I17	Moulins Rue des
19	E24	Mouloudji Sq. Marc.
20	M27-M28	Mounet Sully Rue
20	K28-L28	Mouraud Rue
13	Q21-R21	Moureu Rue Charles
19	F27	Mourlon R. Frédéric
19	N16	Mourlot Pl. Fernand
12	M26-N25	Mousset Imp.
12	N27-N28	Mousset Robert Rue
18	B22-C22	Moussorgsky Rue
14	K20	Moussy Rue de
18	O11	Mouton R. François
5	P16-Q17	Mouton Duvernet R.
19	F25-F27	Mouzaïa Rue de
16	N25	Moynet Cité
16	K8-M7	Mozart Av.
16	K8	Mozart Rue
16	L8	Mozart Sq.
16	K8	Mozart Villa
16	K8	Muette Chée de la
16	J7-J8	Muette Porte de la
16	F6-J7	Muette à Neuilly Route de la
2	H19	Mulhouse Rue de
16	O7	Mulhouse Villa
16	D19	Muller Rue
15	M14	Mulot Pl. Georges
16	M6-O6	Murat Bd
16	G13-G14	Murat Rue Louis
16	O7	Murat Villa
16	F23	Murger Rue Henri
16	I25	Mûriers Jard. des
16	I26	Mûriers Rues des
8	F13-F14	Murillo Rue
5	L19	Musée Cluny Jard. du
16	N7	Musset Rue
16	M20	Mutualité Sq. de la
16	N9	Myonnet R. Clément
18	D20-E19	Myrha Rue

N

Arr.	Grille	Nom
17	C15	Naboulet Imp.
20	I26	Nadaud Pl. Martin
19	J8	Nadaud Rue Gustave
21	H21	Nancy Rue de
11	I24-I25	Nanettes Rue des
14	S17	Nansouty Imp.
14	R17-S17	Nansouty Rue

Arr.	Grille	Nom
19	C24	Nantes Rue de
15	P13	Nanteuil Rue
8	F14-F15	Naples Rue de
1	J17	Napoléon Cour
17	F20	Napoléon III Pl.
7	L16	Narbonne Rue de
12	G14	Narvik Pl. de
12	M26	Nation Pl. de la
11	M26	Nation Pl. de la
13	R22	National Pass.
12	R25	National Pont
13	R22	Nationale Imp.
13	O22	Nationale Pl.
13	P21-S22	Nationale Rue
16	J10-J11	Nations Unies Av. des
7	P25	Nativité Rue de la
18	D17	Nattier Pl.
9	F18	Navarin Rue de
18	O22	Navarre Pl. du Dr
2	J19	Navarre R. Marg. De
5	N20	Navarre Rue de
	B15-B16	Navier Rue
4	K21	Necker Rue
5	O13	Necker Sq.
7	K13	Négrier Cité
15	L10-L11	Nélaton Rue
11	I23	Nemours Rue de
18	A17-B17	Nerval R. Gérard De
6	K18	Nesle Rue de
12	M28-O28	Netter Av. du Dr Arn.
18	K18	Neuf Pont
12	K24	Neufchâteau R. Fr. De
16	F9	Neuilly Av. de
16	F6	Neuilly Porte de
18	B19-C19	Neuve de la Chardonnière Rue
11	L25	Neuve des Boulets R.
11	I23-J23	Neuve Popincourt R.
4	L21-L22	Neuve St-Pierre R.
13	Q23-Q24	Neuve Tolbiac Rue
13	D12-E13	Neuville R. Alph. De
8	F12	Néva Rue de la
6	K18	Nevers Imp. de
6	K18	Nevers Rue de
8	A19-B19	Neveu Rue Ginette
16	I12-K11	New York Av. de
18	H12	Newton Rue
18	B17-B22	Ney Bd
8	E13	Nicaragua Pl. du
18	K25-L25	Nice Rue de
12	P26	Nicolaï Rue
12	K28	Nicolas Rue
5	D15	Nicolay Sq.
18	N18-O18	Nicole Rue Pierre
18	D19	Nicolet Rue
12	N25	Nicolle Rue Charles
16	K9	Nicolo Ham.
16	J9-K9	Nicolo Rue
7	J13-K13	Nicot Pass. Jean
7	J13	Nicot Rue Jean
12	E12-F11	Niel Av.
17	F12	Niel Villa
14	P15	Niepce Rue
18	M28	Niessel Rue du Gal
13	R23	Nieuport Villa
18	N28-N29	Niger Rue du
4	K19	Nijinski Al.
18	M13	Nikis Rue Mario
2	I19	Nil Rue du
18	O7-P7	Niox Rue du Général
16	G9	Noailles Sq. Anna De
18	D18	Nobel Rue
15	L10	Nocard Rue
18	E19	Nodier Rue Charles
3	J20	Noël Cité
14	R13	Noguès Rue Maurice
14	R13	Noguès Sq. Maurice
14	E23	Nohain Rue Jean
16	H9	Noisiel Rue de
19	G29-H28	Noisy-le-Sec Rue de
18	D15-E16	Nollet Pont
5	D15	Nollet Sq.
18	C18	Nollez Cité
11	L23	Nom de Jésus Cour du
4	L21	Nonnains d'Hyères R. des
18	E24	Nord Pass. du
12	C19-C20	Nord Rue du
13	P18-P19	Nordmann R. Léon-M.
3	I22-J22	Normandie Rue de
18	D19	Norvins Rue

Ar.	Plan	Rues / Streets
4	K19	Notre-Dame Pont
2	H19	Notre-Dame de Bonne Nouvelle Rue
9	F17-G18	Notre-Dame de Lorette Rue
3	I20-I21	Notre-Dame de Nazareth Rue
2	H19	Notre-Dame de Recouvrance Rue
6	M16-O17	Notre-Dame des Champs Rue
2	H18-I18	Notre-Dame des Victoires Rue
20	I24	Nouveau Belleville Square du
19	D25	Nouveau Conservatoire Av. du
8	G12	Nouvelle Villa
12	O28	Nouvelle Calédonie Rue de la
14	Q15-Q16	Noyer Rue Olivier
19	D27-E27	Noyer Durand R. du
2	N5	Nungesser et Coli R.
20	H28	Nymphéas Villa des
		O
11	I24-J22	Oberkampf Rue
19	A23	Oberlé Rue Jean
6	O18	Observatoire Av. de l'
6	N18	Observatoire Pl. de l'
5	N18-O18	Observatoire Pl. de l'
14	R14-R15	Ocagne Av. Maur. D'
6	N18	Odéon Carr. de l'
6	M18	Odéon Pl. de l'
6	L18-M18	Odéon Rue de l'
14	O16	Odessa Rue d'
8	H13	Odiot Cité
17	E10-E11	Oestreicher R. Jean
9	K8	Offenbach Rue J.
19	C25-D24	Oise Quai de l'
19	D24	Oise Rue de l'
3	J21	Oiseaux Rue des
16	M7	Olchanski R. du Cap.
9	P11	Olier Rue
18	D21-C21	Olive Rue d'
7	M15	Olivet Rue d'
13	R20	Onfroy Imp.
10	G21	Onze Novembre 1918 Place du
1	I17	Opéra Av. de l'
2	I17	Opéra Av. de l'
2	H17	Opéra Pl. de l'
9	H16	Opéra Av. de l'
5	Q10-O9	Oradour sur Glane R. d'
18	D20	Oran Rue d'
1	J18	Oratoire Rue de l'
18	D18-E18	Orchampt Rue d'
3	S19	Orchidées Rue des
18	C17-D21	Ordener Rue
18	C18	Ordener Villa
1	K18-L19	Orfèvres Quai des
1	K19	Orfèvres Rue des
20	I26	Orfila Imp.
20	H27-I26	Orfila Rue
3	H21-I21	Orgues Pass. des
19	D23	Orgues de Flandre Allée des
11	H23-H24	Orillon Rue de l'
14	S16	Orléans Porte d'
14	Q16-O17	Orléans Portique d'
4	L20	Orléans Quai d'
9	F17-F18	Orléans Rue d'
14	Q16	Orléans Villa d'
19	F27	Orme Rue de l'
20	L27	Ormeaux Rue des
20	L27	Ormeaux Sq. des
18	B19-C19	Ornano Bd
18	C19	Ornano Rue
18	B19	Ornano Villa
7	J13-J15	Orsay Quai d'
18	E18	Orsel Cité d'
18	E18-E19	Orsel Rue d'
18	K27	Orteaux Imp. des
18	K26-K28	Orteaux Rue des
5	N19-N20	Ortolan Rue
5	N20	Ortolan Square
18	C16-C17	Oslo Rue d'
20	G27	Otages Villa des
9	G17-H17	Oudin R. Adrien
12	R23-R24	Oudiné Rue Eugène
7	L15	Oudinot Imp.
7	L15-M14	Oudinot Rue
12	O28-P28	Oudot Rue du Col.
12	O20-P20	Oudry Rue
15	M12	Ouessant Rue d'
14	O15-P14	Ouest Rue de l'
19	C25-C26	Ourcq Galerie de l'
19	C23-D25	Ourcq Rue de l'
11	L23	Ours Cour de l'
3	J20	Ours Rue aux
6	N16	Ozanam Pl.
6	N16	Ozanam Sq.
		P
11	K24	Pache Rue
16	L6	Padirac Sq. de
15	P11	Pado Rue Dominique
20	L28-L29	Paganini Rue
8	G15	Pagnol Sq. Marcel
19	F23-F24	Pailleron R. Édouard
7	M18	Paillet Rue
5	M19	Painlevé Sq. Paul
2	H17	Paix Rue de la
18	C21-E21	Pajol Rue
15	K8	Pajou Rue
4	K19	Palais Bd du
4	K19-L19	Palais Pl. du
7	J15	Palais Bourbon Pl. du
1	I18	Palais Royal Jard. du
1	I18	Palais Royal Pl. du
19	G25	Palais Royal de Belleville Cité du
6	L17	Palatine Rue
19	G25	Palestine Rue de
3	I20	Palestro Rue de
20	H24	Pali Kao Rue de
6	L17	Palissy Rue Bernard
18	D20	Panama Rue de
11	J23	Paname Galerie de
13	O21	Panhard Rue René
13	Q24-R25	Panhard et Levassor Q.
11	L23	Panier Fleuri Cour du
2	H18	Panoramas Pass. des
2	H18	Panoramas Rue des
20	I25	Panoyaux Imp. des
20	I24-I25	Panoyaux Rue des
5	M19	Panthéon Pl. du
13	R20	Pantin Porte de
20	R20	Pape Rue Henri
8	L17	Pape Carpentier R. M.
9	G19	Papillon Rue
3	I20	Papin Rue
20	H27	Paquelin Rue du Dr
10	G19-G20	Paradis Cité
10	G19-G20	Paradis Rue de
18	H9	Paraguay Pl. du
8	D13	Paray Sq. Paul
12	R29	Parc Rte du
7	G24	Parc Villa du
20	J27	Parc de Charonne Chemin du
13	R21	Parc de Choisy Al. du
14	S17	Parc de Montsouris Villa du
14	S17	Parc de Montsouris R. du
16	K10	Parc de Passy Av. du
16	N6-O6	Parc des Princes Av. du
3	K21-K22	Parc Royal Rue du
11	L23	Parchappe Cité
5	L19	Parcheminerie Rue de la
18	E20-F20	Paré Rue Ambroise
06-07	O6-O7	Parent de Rosan Rue
9	F16	Parme Rue de
11	H23-K24	Parmentier Rue
11	H22-K24	Parmentier Av.
14	N16	Parnassiens Gal. des
16	G9	Parodi Sq. Alex. et R.
12	F22	Parodi Rue Alex.
23	M23	Parrot Rue
20	I25-I26	Partants Rue des
16	B25	Parvis Pl. du
18	E19	Parvis du Sacré-Cœur Pl. du
4	L19	Parvis Notre-Dame Pl. du
3	K22	Pas-de-la-Mule R. du
4	K22	Pas-de-la-Mule R. du
5	O20-P19	Pascal Rue
13	J8	Pascal Rue André
11	J22	Pasdeloup Pl.
12	G16-H16	Pasquier Sq. Pierre
16	L9-J11	Passy Port de
16	K9	Passy Pl. de
16	K7	Passy Porte de
16	K10-K8	Passy Rue de
16	K9	Passy-Plaza Galerie
15	N13-O15	Pasteur Bd
11	J23	Pasteur Rue
15	N14	Pasteur Sq.
18	A17	Pasteur Vallery Radot Rue Louis
3	J21	Pastourelle Rue
13	Q22-R23	Patay Rue de
16	M8	Paté Sq. Henry
7	M28	Patenne Sq.
10	E20	Patin Rue Guy
5	O19-O20	Patriarches Pass. des
5	N20-O20	Patriarches Rue des
18	G10	Patton Rue du Général
7	D18	Patureau R. de l'Abbé
19	M8-M9	Pâtures Rue des
14	Q13	Paturle Rue
7	C13	Paul Rue Marcel
7	J11-K12	Paulhan Al. Jean -
14	Q14	Pauly Rue
4	K21	Pavée Rue
16	G9	Pavillon d'Armenonville Ch. du
17	E10	Pavillons Av. des
17	B18	Pavillons Imp. des
20	H26	Pavillons Rue des
15	O14	Payen Rue Anselme
4	K21	Payenne Rue
13	S23	Péan Rue
7	C16	Pécaut Rue Félix
15	N12-O12	Péclet Rue
4	J20	Pecquay Rue
12	D18	Pecqueur Pl. Const.
9	P7	Pégoud Rue
6	N16	Péguy Rue
12	O28	Péguy Sq. Charles
2	I20-J20	Peintres Imp. des
20	H24	Pékin Rue de
13	J22-J23	Pelée Rue
17	C15	Pèlerin Imp. du
1	J18	Pélican Rue du
20	G27-J28	Pelleport Rue
20	G26	Pelleport Villa
14	P16	Pelletan Rue Eugène
17	B16	Pelloutier Rue Fern.
8	F15	Pelouze Rue
20	H28-I28	Penaud Rue Alph.
7	B18	Penel Imp.
12	M26-M27	Pensionnat Rue du
8	G15-H14	Penthièvre Rue de
8	G15-G16	Pépinière Rue de la
14	Q13	Perceval Rue de
16	M7-M8	Perchamps Rue des
3	J21	Perche Rue de
8	G14	Percier Av.
10	E21	Perdonnet Rue
20	I27-J26	Père Lachaise Av. du
20	I28	Perec Rue Georges
13	D14-F10	Péreire Nord Bd
13	D14-F10	Péreire Sud Bd
13	T19	Pergaud Rue Louis
13	G10-G9	Pergolèse Rue
8	G16	Péri Pl. Gabriel
15	Q12	Périchaux Rue des
15	Q12	Périchaux Sq. des
7	K15	Périer Rue Casimir
8	M13-M14	Pérignon Rue
8	M13-M14	Pérignon Rue
20	K28-L28	Périgord Sq. du
19	E26	Périgueux Rue de
13	J21-K21	Perle Rue de la
4	K19	Pernelle Rue
15	N11	Pernet Rue Étienne
20	P14-P15	Pernety Rue
8	G13	Pérou Pl. du
1	J18	Perrault Rue
3	I21	Perrée Rue
13	R21	Perret Rue Auguste
20	I27	Perreur Pass.
20	H28-I27	Perreur Villa
8	M8	Perrichont Av.
1	I18	Perron Pass. du
7	K17	Perronet Rue
14	P16	Perroy Pl. Gilbert
7	D19	Pers Imp.
17	E10-F10	Pershing Bd
5	N20	Pestalozzi Rue
15	N12-O12	Petel Rue
13	O20-P20	Peter Rue Michel
17	E10	Peterhof Av. de
17	C16	Petiet Rue
19	F27	Petin Imp.
11	J24-K24	Pétion Rue
11	L25	Petit Imp. Charles
19	D26-E24	Petit Rue
17	C15	Petit Cerf Pass.
16	E10	Petit De Julleville Square Cardinal
13	P21	Petit Modèle Imp. du
5	O20	Petit Moine Rue du
4	L21-L22	Petit Musc Rue du
5	L19	Petit Pont Rue du
5	L19	Petit Pont Pl. du
6	K17	Petite Arche Rue de l
6	L17	Petite Boucherie Pa
16	K25-L25	Petite Pierre R. de
1	J19	Petite Truanderie Rue de la
16	I23	Petite Voirie Pass. d
10	G20-H20	Petites Écuries Cour
10	G20-H20	Petites Écuries Passage des
10	G19-G20	Petites Écuries R. d
19	G26	Petitot Rue
2	H19-I19	Petits Carreaux R.
7	I17-I18	Petits Champs R. d
1	I17-I18	Petits Champs R. des
7	F20-G20	Petits Hôtels R. des
2	I18	Petits Pères Pass.
2	I18	Petits Pères Pl. des
2	I18	Petits Pères Rue des
19	C27-D26	Petits Ponts Rte de
16	J10	Pétrarque Rue
10	J10-J9	Pétrarque Sq.
9	F19	Pétrelle Rue
9	F19	Pétrelle Sq.
17	D11	Peugeot Rue du Ca
1	S20	Peupliers Pot. des
16	M7	Peupliers Av. des
13	R20-S20	Peupliers Sq. des
13	R20	Peupliers Sq. des
1	K25	Phalsbourg Cité de
17	E13-F13	Phalsbourg Rue de
20	L28-M28	Philidor Rue
16	I8	Philipe Rue Gérard
1	K25-M26	Philippe Auguste A
11	L26	Philippe Auguste P
11	K25	Philosophe Allée d
20	I27-I28	Piaf Pl. Édith
20	H25	Piat Rue
20	G24-H25	Piat Imp.
15	N9	Pic de Barette R. d
20	H24	Picabia Rue Franc
18	I21	Picard Rue Pierre
3	I21	Picardie Rue de
6	N16	Picasso Pl. Pablo
13	G10	Piccini Rue
12	P26	Pichard Rue Jules
16	G10	Pichat Rue Lauren
13	P21-O21	Pichon Av. Stephe
18	H10-H9	Picot Rue
12	M27-O27	Picpus Bd de
12	M26-P27	Picpus Rue de
8	E18	Piémontési Rue
16	K18	Pierné Sq. Gabriel
4	J20	Pierre au Lard Rue
8	H12-I11	Pierre Ier De Serbi
8	H12-I11	Pierre Ier De Serbi
8	F12	Pierre Le Grand R.
11	H22-I23	Pierre Levée R. de
16	J8	Piet Mondrian Rue
13	S21	Pieyre De Mandia R. A.
9	F17	Pigalle Cité
9	E18	Pigalle R.

Ar.	Plan	Rues / Streets
12	N28-O28	Rambervillers R. de
12	N24	Rambouillet Rue de
3	J19-J20	Rambuteau Rue
3	J19-J20	Rambuteau Rue
3	J19-J20	Rambuteau Rue
2	I17-I18	Rameau Rue
18	D19	Ramey Pass.
18	C19-D19	Ramey Rue
18	G24	Rampal Rue
11	I22	Rampon Rue
11	H24	Ramponeau Rue
23	J26-J27	Ramus Rue
8	B17	Ranc Rue Arthur
12	K27	Rançon Pl.
15	K7-K8	Ranelagh Av. du
15	J8-K8	Ranelagh Jard. du
15	K7-L9	Ranelagh Rue du
15	K8	Ranelagh Sq. du
15	K25	Ranvier Rue Henri
12	O26	Raoul Rue
12	N22-N23	Rapée Port de la
12	N22-O23	Rapée Quai de la
15	J7-K7	Raphaël Av.
7	J12-K12	Rapp Av.
7	K12	Rapp Pl.
6	K16-P17	Raspail Bd
6	K16-P17	Raspail Bd
6	K16-P17	Raspail Bd
20	L28	Rasselins Rue des
5	O19	Rataud Rue
11	L24	Rauch Pass.
15	P8	Ravaud Rue René
15	N29	Ravel Av. Maurice
18	E18	Ravignan Rue
18	N9	Raynal Al. du Cdt
18	H26	Raynaud R. Fernand
10	K10-L9	Raynouard Av.
10	K10	Raynouard Sq.
12	I28	Réau Rue de l'Adj.
2	H18-I21	Réaumur Rue
3	H18-I21	Réaumur Rue
19	G23-G24	Rébeval Rue
19	G24	Rébeval Sq. de
17	B14-B15	Rebière Rue Pierre
19	E22	Rébuffat Rue Gaston
7	L16	Récamier Rue
7	F23	Récipion Al. Georges
7	K12	Reclus Av. Elisée
10	G21	Récollets Pass. des
10	G21	Récollets Rue des
10	G21-G22	Récollets Sq. des
3	O19-Q20	Reculettes Rue des
17	D12-D13	Redon Rue
1	K25	Redoute Sq. P.-Jos.
7	K11	Refuzniks Al. des
8	M16	Regard Rue du
19	G26	Regard de la Lanterne Jard. du
13	S23	Regaud Av. Claude
8	M16	Régis Rue
20	K28-L28	Réglises Rue des
8	M18	Regnard Rue
13	R24-S22	Regnault Rue
14	R16-R17	Regnault Rue Henri
18	O13	Régnier R. Mathurin
10	H20	Reilhac Pass.
14	R17-R18	Reille Av.
14	R18	Reille Imp.
17	C12	Reims Bd de
13	Q23	Reims Rue de
8	I14-I15	Reine Cours de la
12	I12	Reine Astrid Pl. de la
18	O20-P20	Reine Blanche R. de la
1	I19-J19	Reine de Hongrie P. de
16	G6-K4	Reine Marguerite Al. la
20	K28	Reisz Rue Eugène
12	M27	Réjane Sq. du
8	F13-G13	Rembrandt Rue
8	M8	Rémusat Rue de
8	I13	Renaissance R. de la
19	F26	Renaissance Vil. de la
15	Q10	Renan Av. Ernest
15	N14	Renan Rue Ernest
12	P28	Renard Pl. Édouard
7	E11	Renard R. Jules
13	Q22	Renard Rue Baptiste
7	F11	Renard R. des Col.
4	J20-K20	Renard Rue du
17	E12-F12	Renaudes Rue des
15	N11-O12	Renaudot R. Théoph.
11	J24	Renault Rue du Gal
13	S20	Renault R. du Pr L.
13	F11	Renault Rue Marcel
12	M28-N27	Rendez-Vous Cité du
12	M27-N28	Rendez-Vous Rue du
19	D26-E26	Rendu Av. Ambroise
7	E11-F12	Rennequin Rue
6	L17-N16	Rennes Rue de
12	O24-P24	Renoir Rue Jean
13	Q13-R13	Renoir Sq. Auguste
20	J27	Renouvier R. Charles
20	J25-K26	Repos Rue du
11	I22-J25	République Av. de la
3	I22	République Pl. de la
10	I22	République Pl. de la
11	I22	République Pl. de la
17	F13	République de l'Équateur Pl. de la
8	F13	République de l'Équateur Pl. de la
17	F13-F14	République Dominicaine Pl. de la
8	F13-F14	République Dominicaine Pl. de la
15	M13	République de Panama Pl. de la
13	R23	Résal Rue
7	J12	Résistance Pl. de la
8	H15	Retiro Cité du
20	H26	Retrait Pass. du
20	H26-I26	Retrait Rue du
12	O25-O27	Reuilly Bd de
12	N25	Reuilly Jard. de
12	P27	Reuilly Rue de
12	O27-O28	Reuilly Rte de
12	M25-O26	Reuilly Villa de
18	N7	Réunion Villa de la
20	K27	Réunion Pl. de la
20	K27-L27	Réunion Rue de la
3	E23-E24	Reverdy Rue Pierre
15	K11	Rey Rue Jean
14	R15-S16	Reyer Av. Ernest
19	O6-O7	Reynaud Pl. Paul
19	A25	Reynaud Rue Émile
18	I12	Reynaud R. Léonce
19	E24	Rhin Rue du
19	E26	Rhin et Danube Pl. de
17	D3	Rhône Sq. du
16	L8	Ribera Rue
20	K26	Riberolle Villa
15	M12	Ribet Imp.
8	F26-G26	Ribière Rue Henri
20	J28	Riblette Rue
17	F12	Ribot Rue Théodule
18	F26	Ribot Villa Alexandre
8	G19	Riboutté Rue
13	Q21	Ricaut Rue
18	P13	Richard Imp.
14	O17-P16	Richard Rue Émile
2	I17-I18	Richelieu Pass. de
1	H18-I17	Richelieu Rue de
2	H18-I17	Richelieu Rue de
18	Q22-R22	Richemont Rue de
9	J8-J9	Richepin Rue Jean
9	G18-G19	Richer Rue
10	H22	Richerand Av.
13	Q22	Richet Rue du Dr Ch.
18	D20-E20	Richomme Rue
18	E18	Rictus Sq. Jehan
10	Q14	Ridder Rue de
12	N25	Riesener Rue
19	G27	Rigaunes Imp. des
8	G15	Rigny Rue de
18	G25-H26	Rigoles Rue des
13	O23-P24	Rimbaud Al. Arthur
18	F25	Rimbaud Villa
18	Q16	Rimbaut Pass.
17	F14	Rio de Janeiro Pl. de
15	P15-P16	Ripoche R. Maurice
18	D21	Riquet Rue
18	D23	Riquet Rue
7	K12-L12	Risler Av. Charles
18	O7	Risler Av. Georges
18	H21	Riverin Cité
16	M8	Rivière Pl. Théodore
8	G14-H13	Rivière Rue du Cdt
4	S17	Rivoire Av. André
1	I16-K18	Rivoli Rue de
4	I16-K18	Rivoli Rue de
9	F18-G18	Rizal Pl. José
18	B18-C18	Robert Imp.
12	O27-P27	Robert Rue Édouard
1	K18	Robert Rue Henri
18	D21	Robert Rue Jean
14	O17	Robert Rue Léopold
7	C15	Roberval Rue
13	F25	Robida Villa Albert
10	F22-G22	Robin Rue Charles
21	I26	Robineau Rue
6	N16	Robiquet Imp.
13	L6	Rocamadour Sq. de
12	I12	Rochambeau Pl.
9	F19-G19	Rochambeau Rue
17	B15	Roche Rue Ernest
11	J24	Rochebrune Pass.
11	J24	Rochebrune Rue
9	E18-E19	Rochechouart Bd de
18	E18-E19	Rochechouart Bd de
9	E19-G19	Rochechouart R. de
17	F13	Rochefort Rue Henri
8	F15-G16	Rocher Rue du
14	S18	Rockefeller Av.
13	F20	Rocroy Rue de
10	P18	Rodenbach Al.
10	G22	Rodhain Rue Mgr
15	F19-G18	Rodier Rue
16	I8-J9	Rodin Al.
16	L8	Rodin Pl.
12	P16	Roger Rue
15	N11	Roger Rue Edmond
6	L18	Rohan Cour de
1	J17	Rohan Rue de
18	B19-C19	Roi d'Alger Pass. du
18	B19-C19	Roi d'Alger Rue du
4	K20-K21	Roi de Sicile Rue du
3	J22	Roi Doré Rue du
1	I20	Roi François Cour du
14	S18	Roli Rue
17	D12	Roll Rue Alfred
14	S14-S16	Rolland Bd Romain
20	L27	Rolleboise Imp.
15	P11	Rollet Pl. Henri
5	N19-N20	Rollin Rue
19	E25-F26	Rollinat Villa Maur.
19	G23-H24	Romains Rue Jules
19	G27-G28	Romainville Rue de
8	I21	Rome Cour de
18	D14-G16	Rome Rue de
18	D14-G16	Rome Rue de
19	C25	Rd-Pt des Canaux Pl. du
20	I26	Rondeaux Pass. des
20	I26-J27	Rondeaux Rue des
12	M25	Rondelet Rue
12	J27	Rondonneaux R. des
19	E19	Ronsard Rue
18	N14	Ronsin Imp.
8	H14-I14	Roosevelt Av. Fr. D.
13	S20	Rops Av. Félicien
8	G15	Roquépine Rue
16	K23-L23	Roques Rue du Gal
11	K24-L22	Roquette Rue de la
11	J25	Roquette Sq. de la
18	P20	Roret Rue Nicolas
13	P13-Q15	Rosenwald Rue
18	C21	Roses Rue des
18	C21	Roses Villa des
18	N10-N11	Rosière Rue de la
4	K21	Rosiers Rue des
13	T21	Rosny Aîné Sq.
12	M21	Rosni Square Tino
12	N25	Rossif Sq. Frederic
9	G18	Rossini Rue
6	M18	Rostand Pl. Edmond
19	G23	Rostand Pl. Jean
13	D16	Rothschild Imp.
6	M18	Rotrou Rue
12	O27-O28	Rottembourg R. de
15	N10	Roty Rue Oscar
18	B18	Rouanet Rue Gust.
20	H24-H25	Rouault Al. Georges
10	F20	Roubaix Pl. de
11	M25	Roubo Rue
9	H17	Rouché Pl. Jacques
16	M8	Roucher Rue Antoin…
15	L10-M11	Rouelle Rue
19	D23	Rouen Rue de
14	R16	Rouet Imp. du
9	H19	Rougemont Cité
9	H19	Rougemont Rue
1	I16	Rouget De L'Isle Ru…
1	J19	Roule Rue du
8	G12	Roule Sq. du
14	S16	Rousse Rue Edmon…
12	P28	Rousseau Av. A.
16	L8	Rousseau Av. Th.
16	L8-M8	Rousseau Rue J.-J.
16	L8-M8	Roussel Av. de l'Ab…
12	L23-M24	Roussel R. Théophi…
7	M15	Rousselet Rue
13	R20	Rousselle R. E. et H…
13	R20	Rousselle Sq. Henr…
17	D12	Rousselot R. de l'Al…
17	N12	Roussin R. de l'Ama…
19	C24-C25	Rouvet Rue
12	O14	Rouvier Rue Mauri…
16	M7	Rouvray Av. de
17	F12	Roux Rue
15	N14-O14	Roux Rue du Docte…
8	G15	Roy Rue
3	J16-J17	Royal Pont
3	J16-J17	Royal Pont
8	I15	Royale Galerie
8	H16-I15	Royale Rue
5	J18	Royer Rue Clémenc…
5	N18	Royer Collard Imp.
5	M18-N18	Royer Collard Rue
12	M25-N25	Rozanoff Rue du Cd…
13	F26-G25	Rozier Rue Arthur
13	P20	Rubens Rue
16	G11	Rude Rue
7	K12	Rueff Pl. Jacques
18	D21	Ruelle Pass.
18	C17	Ruggieri Rue Désir…
17	E10-F10	Ruhmkorff Rue
18	B18-C18	Ruisseau Rue du
20	H26	Ruisseau de Ménilmontant Pass…
13	S19	Rungis Pl. de
13	S18-S19	Rungis Rue de
12	N24	Rutebeuf Pl.
8	F14	Ruysdael Av.

S

Ar.	Plan	Rues / Streets
14	P15-Q16	Sablière Rue de la
16	G7-H7	Sablonneuse Rte
16	F8	Sablons Carr. des
16	F8	Sablons Porte des
16	I10-J9	Sablons Rue des
17	F9	Sablonville Rue de
6	L17	Sabot Rue du
14	O16	Sacha Rue George…
18	D18	Sacré Cœur Cité d…
7	J12-K12	Sacy Av. Silvestre
12	O27-O28	Sahel Rue du
12	O28	Sahel Villa du
16	G9	Saïd Villa
15	P11-Q12	Saïda Rue de la
16	G11	Saïgon Rue de
14	P16-O16	Saillard Rue
3	J20	Saint-Aignan Jard…
14	S16	Saint-Alphonse Im…
15	P13	Saint-Amand Rue
11	J23-J24	St-Ambroise Pass.
11	J23-J24	St-Ambroise Ru…
6	L18	St-André des Arts…
6	L18	St-André des Arts…
17	B16	Saint-Ange Pass.
17	B16	Saint-Ange Villa
12	M21	Saint-Anne Villa
4	K21-L22	Saint-Antoine Pas…
8	G15	Saint-Augustin Pl.
2	H17-H18	Saint-Augustin Ru…
8	K17-L17	Saint-Benoît Rue
11	L24	Saint-Bernard Pas…
5	M21-N22	Saint-Bernard Por…
5	M21-N22	Saint-Bernard Qua…
11	L24	Saint-Bernard Rue
20	J27	Saint-Blaise Pl.

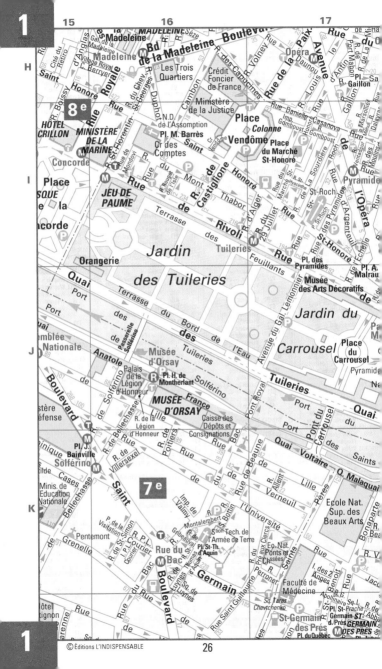

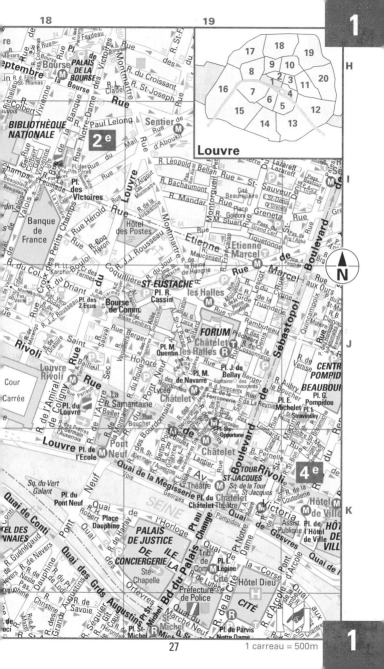

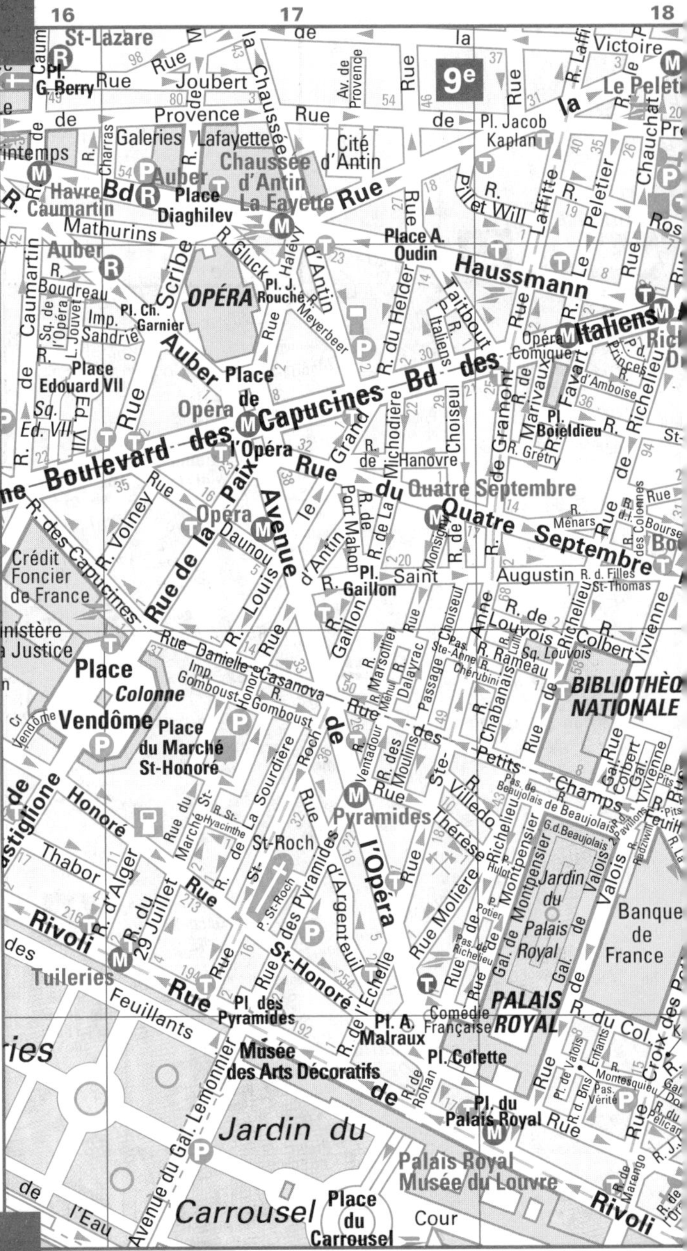

16 17 18

St-Lazare

Pl. G. Berry

Caum

Joubert Rue Av. de Provence la

Rue de la Chaussée Rue

Rue de Provence 9e Le Pele

Victoire

R. Laffi

Pre

Chauch

Galeries Lafayette Cité d'Antin de Pl. Jacob Kaplan

G

Charras

Havre Bd Auber Place Diaghilev Chaussée d'Antin La Fayette Rue

intemps R. Caumartin M Mathurins

Pillet Will R. Peletier R. Peletier Ros

R. Caumartin Auber Scribe

Boudreau Pl. Ch. Garnier OPÉRA d'Antin Place A. Oudin

Place A. Oudin

R

Caumartin Sq. de l'Opéra Imp. Sandrié Pl. J. Rouché Haley Rue du Helder R. du Helder Taitbout Italiens Haussmann

Place Edouard VII Sq. Ed. VII Auber Place de l'Opéra Capucines des Gluck Meyerbeer de la Michodière de Hanovre Choiseul de Gramont Opéra Comique Marivaux d'Amboise Italiens Richelieu Ric D

H

ne Boulevard des Capucines Grand Port Mahon du Quatre Septembre Pl. Boïeldieu R. Grétry St-

Crédit Foncier de France R. des Capucines R. Volney Rue Opéra Daunou Avenue de la Paix Rue de l'Opéra d'Antin Quatre Septembre Ménars Rue des Colonnes Bo

inistère a Justice Louis Pl. Saint Gaillon R. de la Monsigny Augustin R. d. Filles St-Thomas

Rue Danielle-Casanova St-Honoré Rue Marsollier Ste-Anne R. Rameau Sq. Louvois Colbert Vivienne BIBLIOTHÈQ NATIONALE

Place Colonne Vendôme Place du Marché St-Honoré Imp. Gomboust Gomboust Rue de Ventadour R. des Moulins Passage Chabanais Petits Champs Gal. Colbert Gal. Vivienne

I

de Honoré Rue du Marché St- R. Ste-Hyacinthe Roch St-Roch Ste- Thérèse Villedo Richelieu G.d Beaujolais Pas. de Beaujolais Feuil

Castiglione Thabor R. d'Alger Rue du 29 Juillet Rue St-Roch des Pyramides Pyramides Molière Jardin du Palais Royal Banque de France

Rivoli M St-Honoré Rue R. de l'Échelle de l'Opéra Gal. de Montpensier Gal. de Valois

Tuileries Feuillants Rue Pl. des Pyramides Pl. A. Malraux Comédie Française PALAIS ROYAL R. du Col

ies Musée des Arts Décoratifs de Pl. Colette Pl. du Palais Royal

J

Jardin du Palais Royal Musée du Louvre Rivoli

de l'Eau Carrousel Place du Carrousel Cour

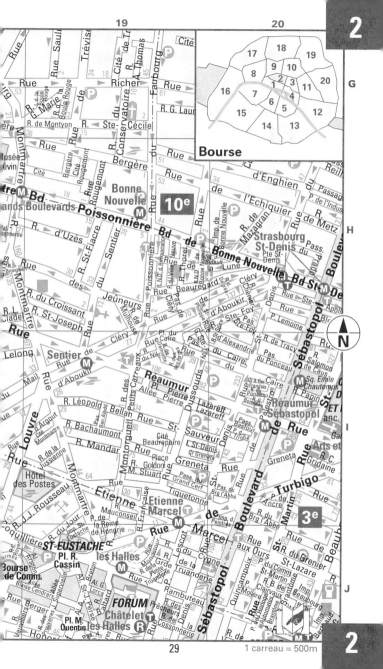

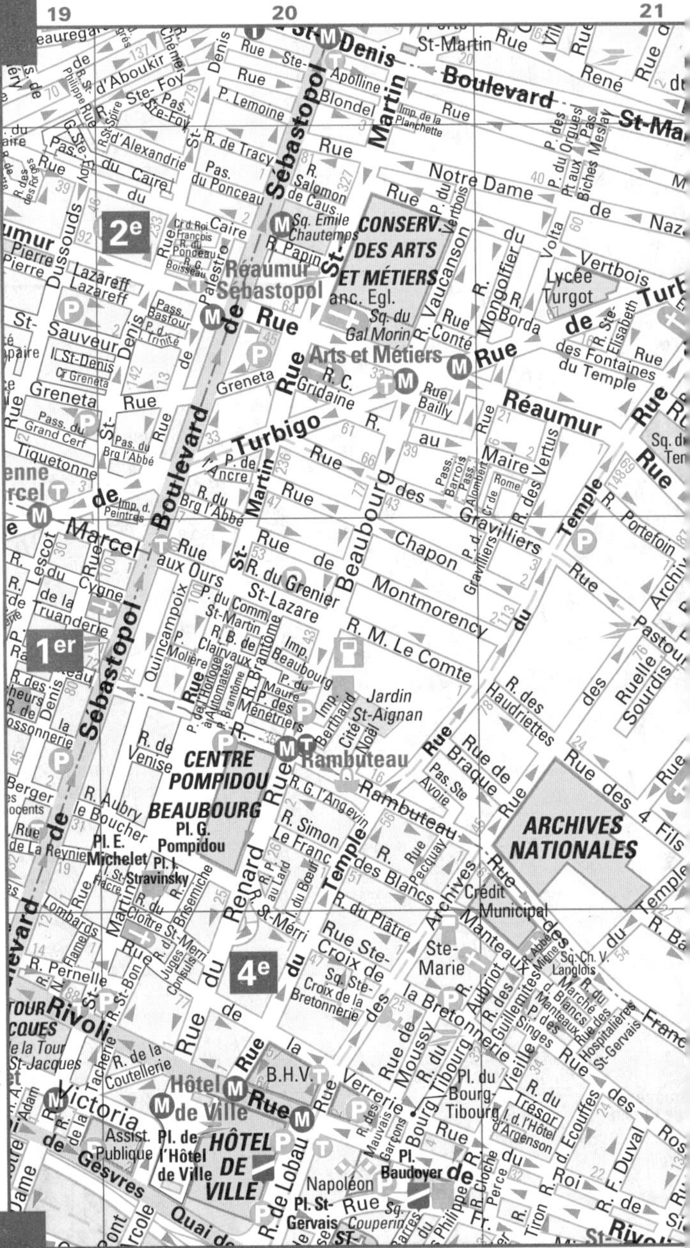

2e

CONSERV. DES ARTS ET MÉTIERS
anc. Égl.

Réaumur Sébastopol

Arts et Métiers

Lycée Turgot

Réaumur

Turbigo

Boulevard

Rue

de

Sébastopol

Marcel

1er

St-Lazare

CENTRE POMPIDOU BEAUBOURG
Pl. G. Pompidou
Pl. E. Michelet
Pl. I. Stravinsky

Rambuteau

ARCHIVES NATIONALES

Crédit Municipal

Ste-Marie

4e

Rue Ste-Croix de la Bretonnerie

TOUR ST-JACQUES

Rivoli

B.H.V.

Hôtel de Ville

HÔTEL DE VILLE

Pl. de l'Hôtel de Ville

Victoria

Assist. Publique

Napoléon

Pl. Baudoyer

Pl. St-Gervais

Quai de

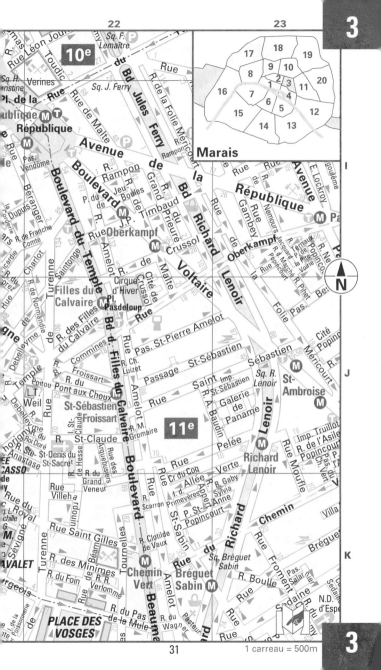

FORUM
Châtelet les Halles
Pl. M. Quentin
Pl. M. de Navarre
CENTRE POMPIDOU BEAUBOURG
Pl. G. Pompidou
Pl. E. Michelet
Pl. Stravinsky
Pl. J. du Bellay
Châtelet
J

Châtelet
Pl. Ste Opportune
Boulevard de Rivoli
TOUR ST JACQUES
Sq. de la Tour St Jacques
Châtelet
Théâtre
Pl. du Châtelet Théâtre
Victoria
Hôtel de Ville
B.H.V.
Pl. du Bourg Tibourg
Ste Marie
K

1er

SEINE
PALAIS DE JUSTICE
ILE DE LA CITÉ
CONCIERGERIE
Ste Chapelle
Bd du Palais
Quai au Change
Préfecture de Police
CITÉ
Hôtel Dieu
Pl. Lépine
Tribl de Coml
Quai de la Corse
Quai d'Arcole
Assist Publique l'Hôtel de Ville
HÔTEL DE VILLE
Napoléon
Pl. St Gervais
ST-GERVAIS
Pl. Baudoyer
Quai de l'Hôtel de Ville
Pl. du Bataillon Français de l'O.N.U. en Corée

St-Michel
Pl. St-Michel
St Michel
Pl. du Parvis Notre Dame
NOTRE DAME
Pl. du Pt N-D
Quai de Montebello
Square Jean XXIII
Sq. de l'Ile de France
ILE SAINT LOUIS
ST-LOUIS EN L'ILE
Quai d'Orléans
Quai de Bourbon
L

MUSÉE DE CLUNY
Saint
Jacques
Rue de Lagrange
Pl. Maubert
Maubert Mutualité
Quai de la Tournelle
Pont de la Tournelle
Germain
Rue des Bernardins
INSTITUT DU MONDE ARABE
M

SORBONNE
Coll. Berthelot
Collège de France
Pl. M.
Rue des Écoles
Lycée L. Le Grand
Ste-Barbe
Biblio. Ste Geneviève
Fac. de Droit
Place du PANTHÉON
Pl. Ste-Geneviève
ST-E. DU R. MONT
Pl. Abbé Basset
A. Comte
Ministère de la Recherche et Technologie
Jardin Carré
Rue Monge
5e
Cardinal Lemoine
Faculté des Sciences
Place Jussieu
Jussieu

© Éditions L'INDISPENSABLE

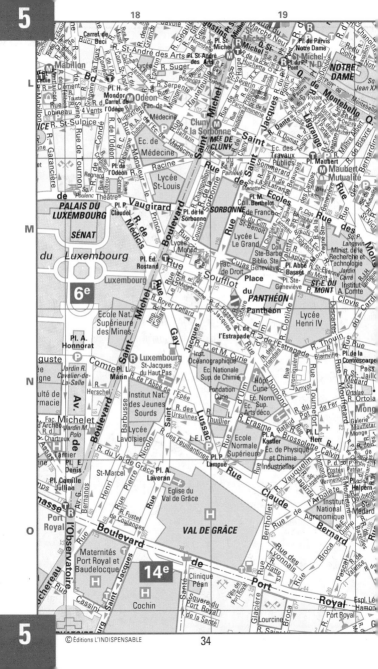

L

Pl. du Bataillon
Français de
l'O.N.U. en Corée

Schweitzer

H. DE
SENS

Charlemagne

R.

Rue Neuve

St.

Pt Marie

Pl.

Georges

Hôtel de Ville

Ave Maria

Vil. St-Paul

Rue Charl

17

18

19

Bourbon

de

Philippe

Quai

des Célestins

Ville

Rue des Lions St-Pau

9

10

SAINT

de

ILE

Deux Ponts

Célestins

Pompidou

8

2 3

20

Le Regratier

R.

Port

Anjou

1

11

LOUIS

4e

Ecole Massillon

16

7

4

d'Orléans

R. de la

St-Louis

R. Poulletier

de l'Ile

Sq. H. Galli.

15

6 5

12

**ST-LOUIS
EN L'ILE**

Quai de Béthune

Pl. du Père
Teilhard de

14

13

Tournelle

Pont de la
Tournelle

Tournelle

Bd

Henri IV

Pt de
Sully

R. Agrippa
d'Aubigné

Biblio. de
l'Arsenal

Rue

Crillon

l'Arsenal

Rue Lac

Panthéon

Sq.
Barve

R. de Schomberg

R. Mornay

de

la

R. Jules C

Pont
de Sully

Port

Henri

Morland

R. de
Brissac

Tournelle

R. des
Chantres

R.
Lemoine

Schomberg

Boulevard

Port

M

**INSTITUT DU
MONDE ARABE**

Quai

Sq.

Saint

Henri

IV

Pont
Morland

Lycée Pr
Chennevi
Maleziu

12e

Fosses St-Bernard

Faculté
des Sciences

Tino

Boulevard

Morland

Rue

Lesage

**lace
ssieu**

Rossi

Bernard

Voie

Avenue

M **Jussieu**

Saint

Pl.
Mazas

Quai de
la Rapée

N

7.
tantes
les

Cuvier

Ménagerie

Bernard

Pont
d'Austerlitz

Sq. A.
Tournaire

Quai

Bo

âle

R.G. de la
Brasse

Fac. des
Sciences

M

ède

Linné

Rue

Jardin des Plantes

Place
Valhubert

Port

Mazas

N

Rue de
Quatrefages

MOSQUÉE
DE
PARIS

**MUSÉUM NATIONAL
D'HISTOIRE NATURELLE**

Buffon

Pt Charles
de Gaulle

u s de
sitte

Geoffroy

Rue

P.
Mattei

Gare
d'Austerlitz

tibenton

Rue

R. N. Houel
Cité
d'Austerlitz

M

R

O

Censier

P

Saint

Hilaire

Poliveau

P

Bd

Gare
d'Austerlitz

T

Av.
Pierre

R. de
l'Essai

de

Square
Marie Curie

O

Moulin

Fossés
St-Marcel

R.

St-Louis

Scipion

Saint

R. du Marché
aux Chevaux

Marcel

l'Hôpital

St-Marcel

M

St-Marcel

Oudinot

Jura

St-Marcel

R. Jeanne d'Arc

P

H

de

J. Breton

R. des Wallons

13e

la Pitié-Salpêtrière

Brun

Rue

Pirandello

Ec. de

Université de Paris
Faculté de Médecine
Pitié-Salpêtrière

Oudry

Rue du

R.

Pl. Louis

1 carreau = 500m

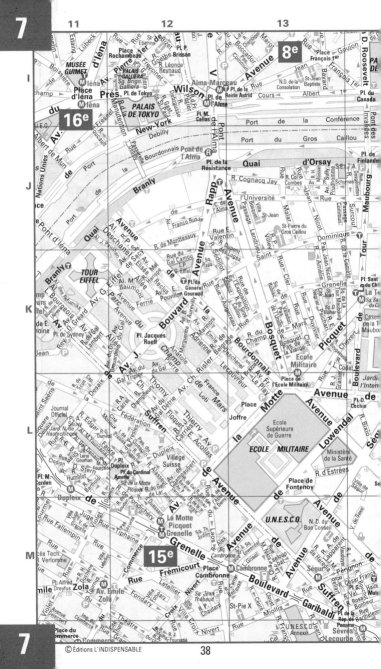

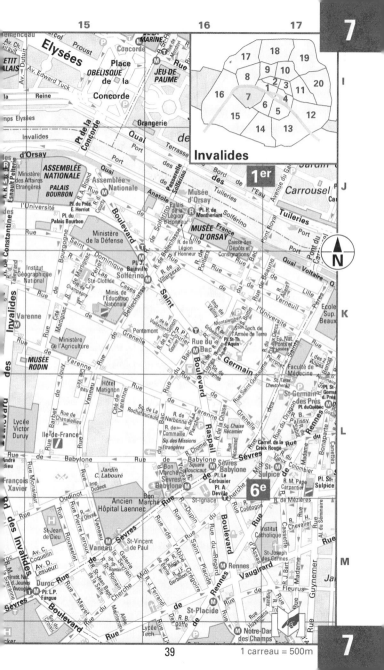

Invalides

1 carreau = 500m

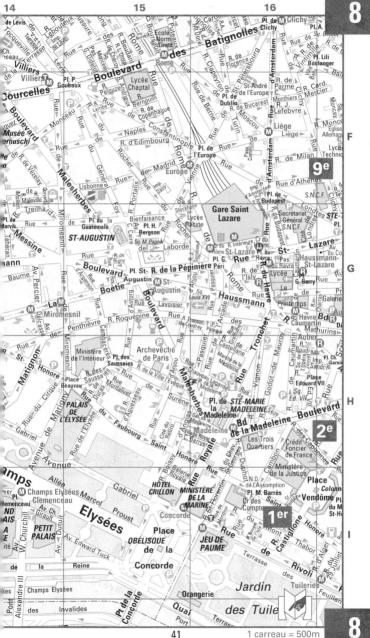

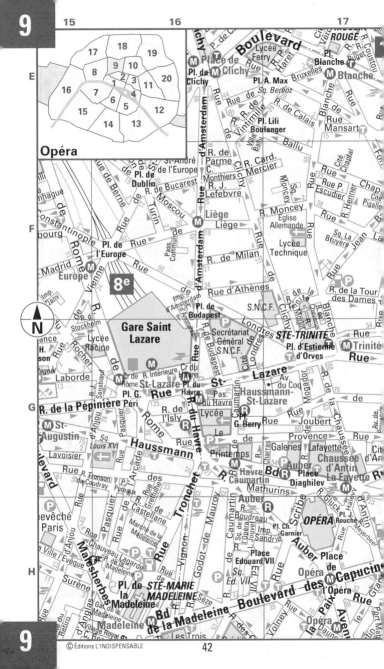

Opéra

8e

Gare Saint Lazare

© Éditions L'INDISPENSABLE

42

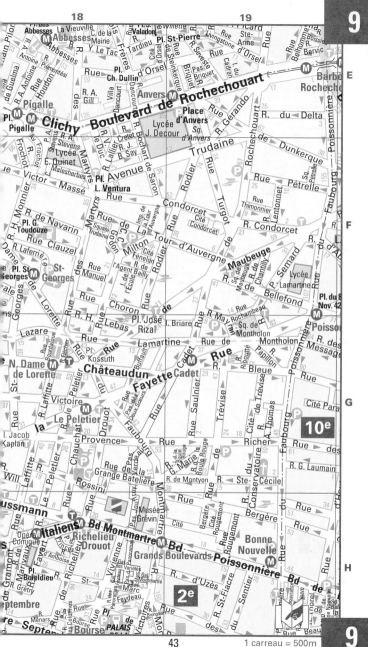

1 carreau = 500m

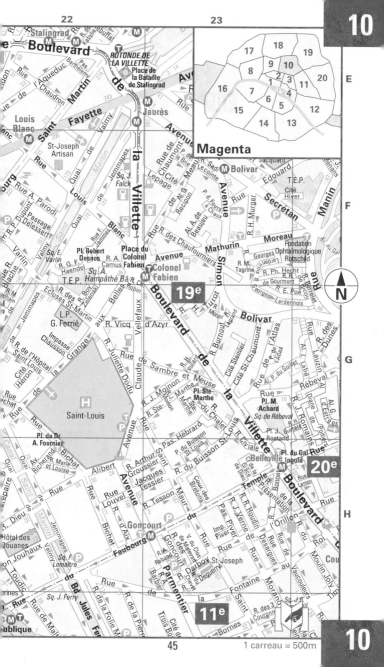

22 23

H I J K

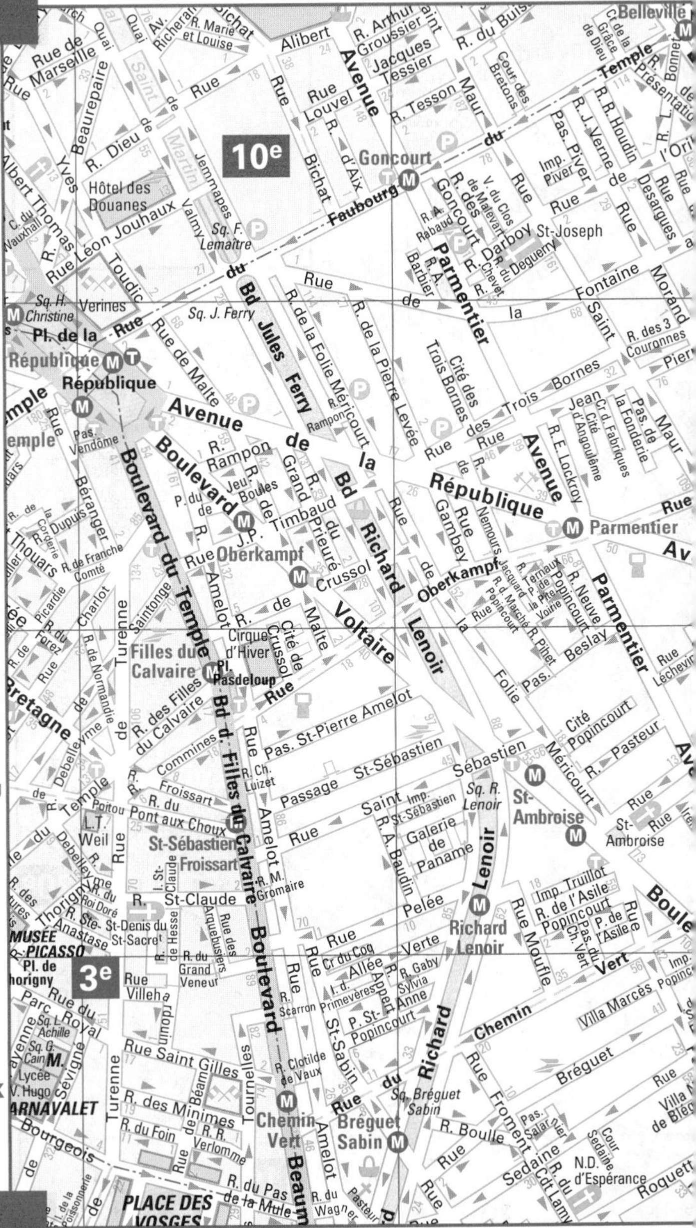
10e
3e
Rue de Marseille
Quai Saint Martin
Quai de Jemmapes
Av. Richerand
R. Marie et Louise
Rue Bichat
Rue Alibert
R. Arthur Groussier
R. Jacques Tessier
Avenue Parmentier
Rue Louvel
R. Tesson
Rue du Buisson Saint Louis
Cour des Bretons
Rue Saint Maur
Belleville
Cr. de la Grâce de Dieu
R. Bonnet
R. Présentation
Rue du Faubourg du Temple
R. R. Houdin
R. J. Verne
Pas. Piver
Imp. Piver
Rue de l'Orillon
Rue Desargues
R. L.
Beaurepaire
R. Dieu
Rue Yves Toudic
Hôtel des Douanes
Valmy
Rue Albert Thomas
C. du Wauxhall
R. Léon Jouhaux
Sq. F. Lemaître
R. d'Aix
Goncourt
R. A. Rabaud
R. des Goncourt
V. du Clos de Malevart
Rue Darboy
St-Joseph
R. du Deguerry
R. Chevet
R. A. Barbier
Rue de la Fontaine au Roi
Morand
R. des 3 Couronnes
Rue Jean Pierre Timbaud
Sq. H. Christine
Rue des Vinaigriers
Pl. de la République
République
Sq. J. Ferry
Bd Jules Ferry
R. de la Folie Méricourt
R. de la Pierre Levée
Cité des Trois Bornes
Rue des Trois Bornes
Cr. d. Fabriques
Pas. de la Fonderie
Cité d'Angoulême
R. E. Lockroy
Avenue de la République
Rue de Malte
R. Rampon
Rue du Temple
Pas. Vendôme
Béranger
Boulevard du Temple
Boulevard Voltaire
P. du Jeu de Boules
Grand Prieuré
Bd Richard Lenoir
Rue de Nemours
Rue Gambey
Parmentier
Rue R. de la Corderie
R. Dupuis
Rue Dupetit-Thouars
R. de Franche Comté
Rue Oberkampf
Rue Amelot
Rue de Crussol
R. Ternaux
P. de la Pte Voirie
R. Neuve Popincourt
Rue Jacquard
R. d. Marché Popincourt
Rue Picardie
R. du Forez
Rue Charlot
R. de Normandie
Rue de Saintonge
Cirque d'Hiver
Cité de Crussol
Filles du Calvaire
Pl. Pasdeloup
R. Pihet
Rue Beslay
Pas. Folie
Rue Lechevin
Rue de Bretagne
R. des Filles du Calvaire
Rue de Turenne
Rue Debelleyme
Bd d. Filles du Calvaire
Pas. St-Pierre Amelot
Passage St-Sébastien
Rue St-Sébastien
Cité Popincourt
R. Pasteur
R. Méricourt
St-Ambroise
Rue St-Ambroise
R. Commines
R. Ch. Luizet
R. Froissart
R. du Poitou
R. du Pont aux Choux
L.T. Weil
St-Sébastien Froissart
Imp. St-Sébastien
Sq. R. Lenoir
R. A. Baudin
Galerie de Paname
I. St-Claude
R. St-Claude
R. M. Gromaire
Rue du Roi Doré
Rue Thorigny
R. Ste-Anastase
St-Denis du St-Sacrt
Rue de Hesse
Rue des Arquebusiers
MUSÉE PICASSO
Pl. de Thorigny
R. du Grand Veneur
Rue Villehardouin
Rue Pelée
Rue du Chemin Vert
Richard Lenoir
Imp. Truillot
R. de l'Asile Popincourt
P. de l'Asile
Pas. du Ch. Vert
Rue Moufle
Cr du Coq
Allée
I. d. Primevères
R. Appert
R. Gaby Sylvia
P. St-Anne Popincourt
R. Scarron
Villa Marcès
Imp. Popincourt
Rue du Parc Royal
Sq. L. Achille
Sq. G. Cain
Lycée V. Hugo
CARNAVALET
Rue de Sévigné
Rue Saint Gilles
Rue des Tournelles
R. Clotilde de Vaux
Rue St-Sabin
Rue Froment
Bréguet
R. des Minimes
Rue de Béarn
R. du Foin
R. R. Verlomme
Chemin Vert
Bréguet Sabin
Sq. Bréguet Sabin
R. Boulle
Pas. Salarnier
Cour Sedaine
N.D. d'Espérance
Rue Sedaine
R. du Cdt Lamy
Roquette
Villa de Bleu
Rue des Francs Bourgeois
I. de la Poissonnerie
PLACE DES VOSGES
R. du Pas de la Mule
R. du Wagner
Pasteur
Bd Beaumarchais

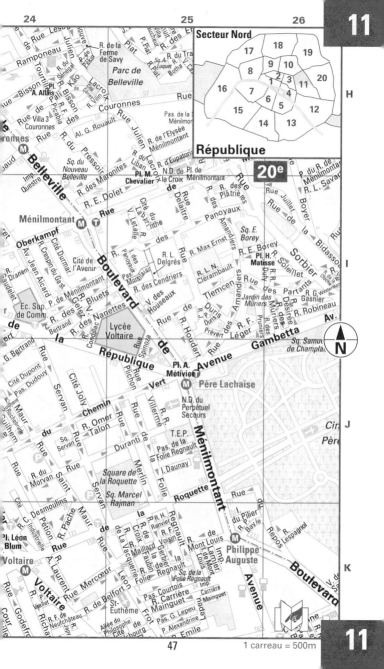

1 carreau = 500m

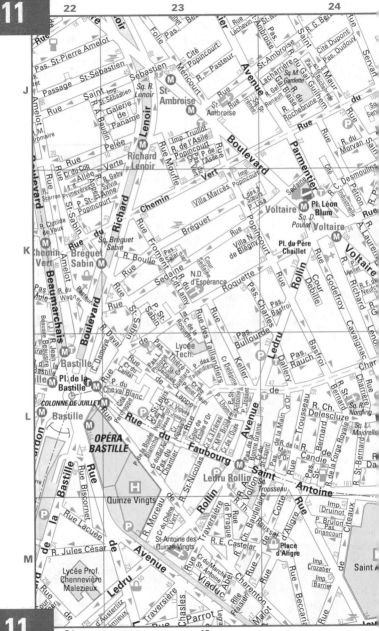

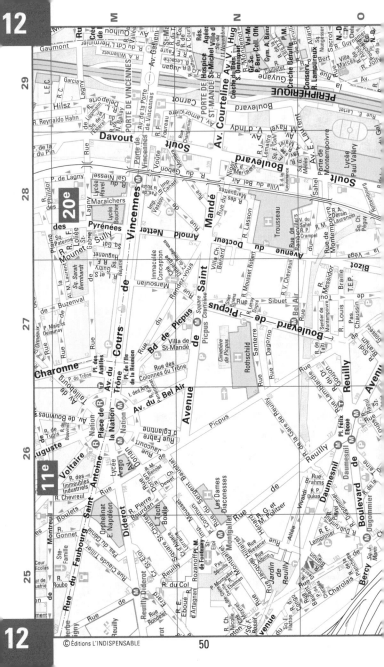

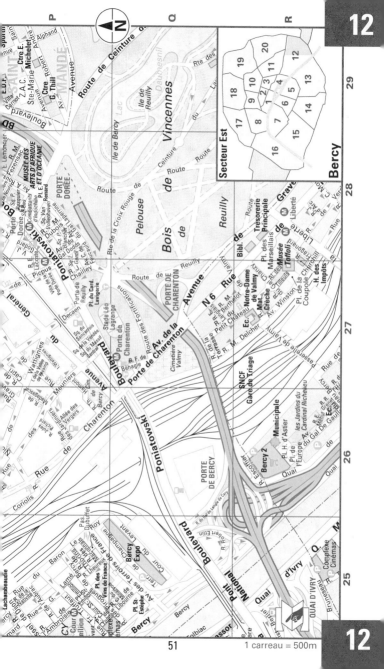

1 carreau = 500m

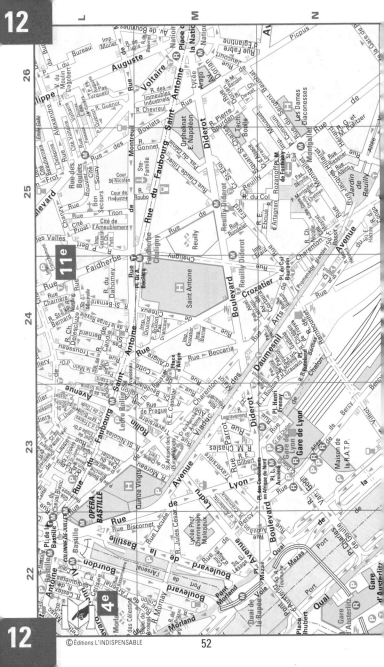

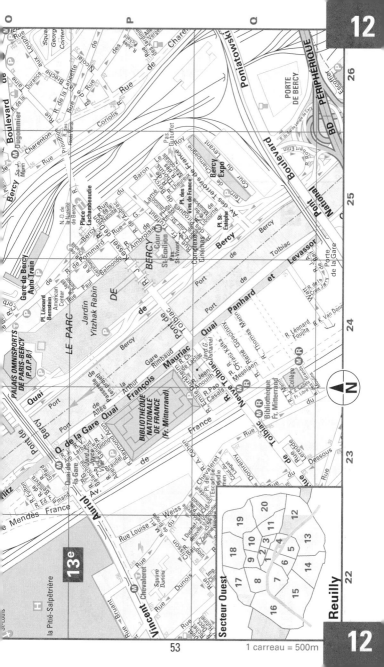

1 carreau = 500m

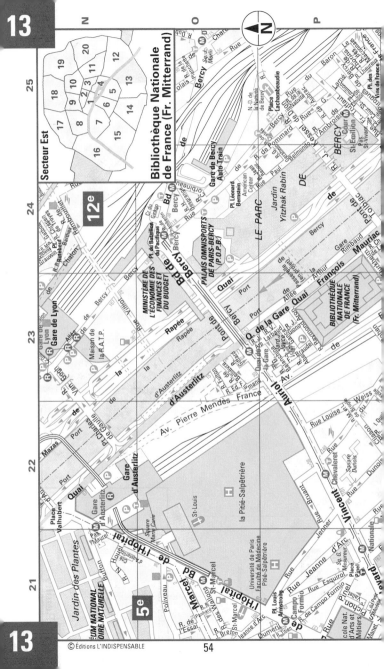

© Éditions L'INDISPENSABLE

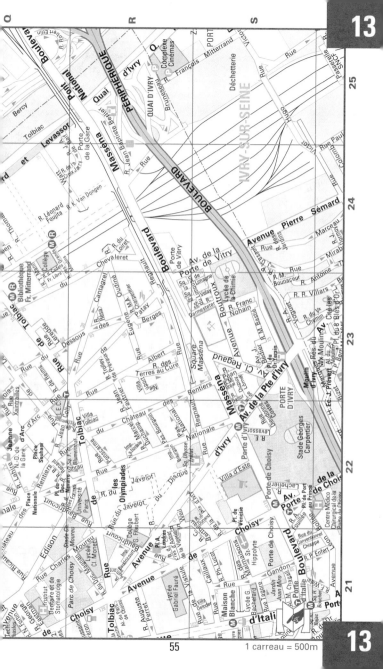

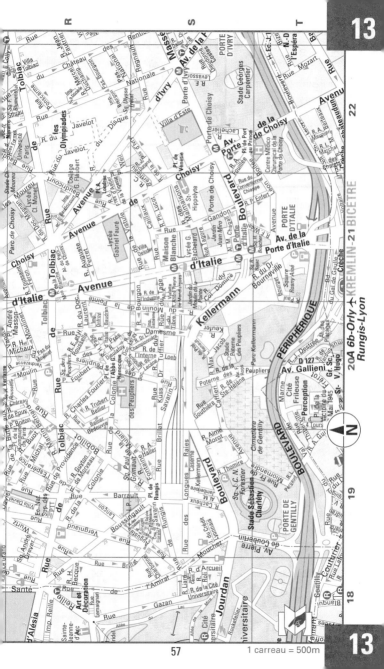

R   S   T

22

19

18

PÉRIPHÉRIQUE

N

1 carreau = 500m

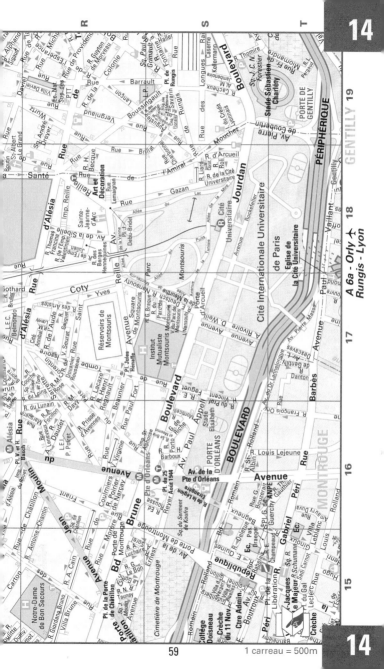

R   S   T

GENTILLY 19

PORTE DE
GENTILLY

A 6a - Orly ✈ 18
Rungis - Lyon

PÉRIPHÉRIQUE

Stade Sébastien
Charléty

Boulevard

Cité Internationale Universitaire
de Paris

Église de
la Cité Universitaire

17

Cité
Universitaire

Jourdan

Réservoirs de
Montsouris

Institut
Mutualiste
Montsouris

Parc
Montsouris

PORTE
D'ORLÉANS

BOULEVARD

MONTROUGE

16

Avenue de la
Pte d'Orléans

Avenue

Brune

Porte de Montrouge

PORTE DE
CHÂTILLON

Cimetière de Montrouge

République

15

Notre-Dame
de Bon Secours

Pl. de la Porte
de Châtillon

Collège
Doisneau

Crèche

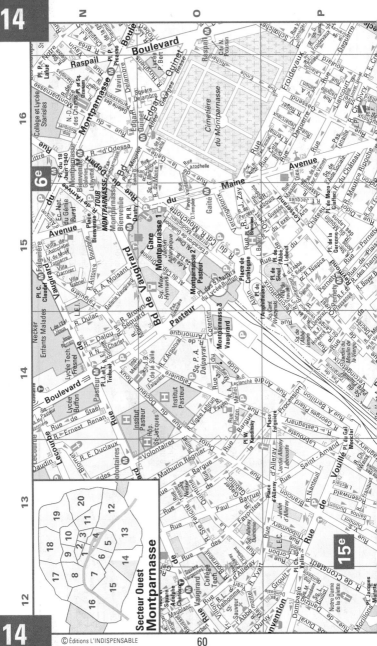

Secteur Ouest
Montparnasse

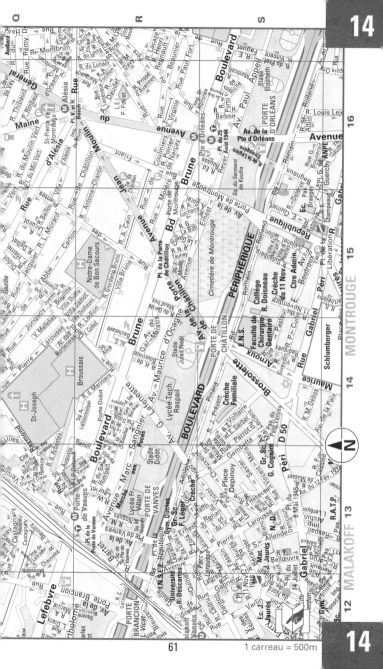

1 carreau = 500m

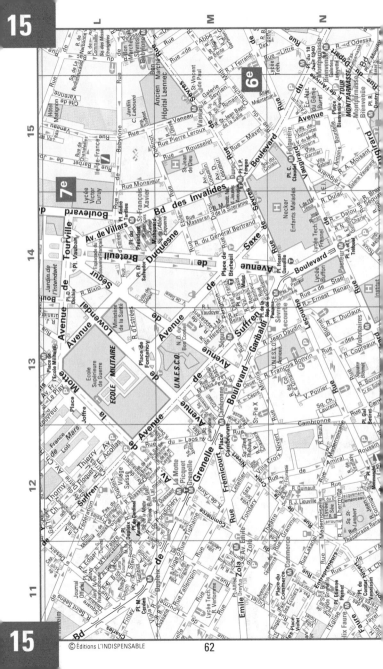

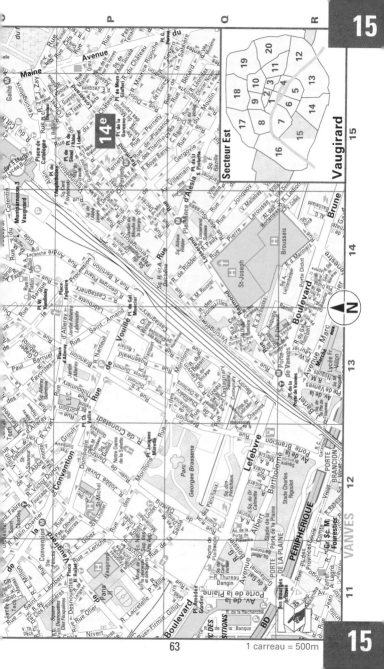

1 carreau = 500m

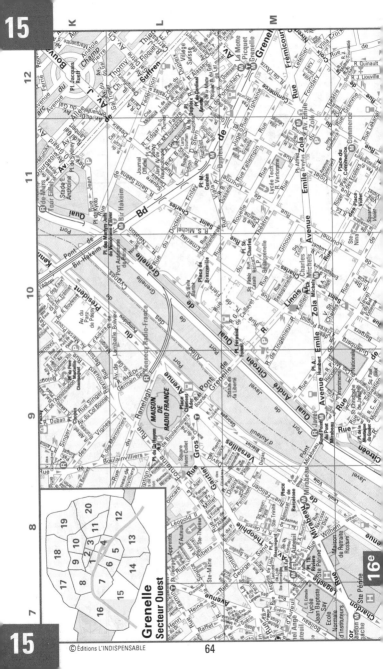

Grenelle
Secteur Ouest

© Éditions L'INDISPENSABLE

16e

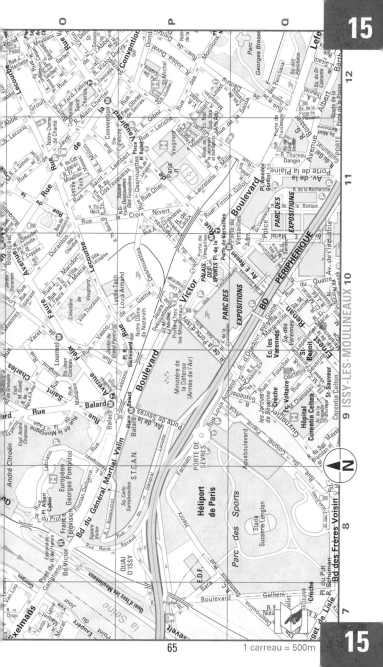

1 carreau = 500m

9 ISSY-LES-MOULINEAUX 10

Jeu de Boules
de Passy

Pelouses de

Saint-Cloud

Hippodrome

d'Auteuil

Parcours
Sportif

Butte
Mortemart

Butte
Mortemart

ROUEN - LE HAVRE - DEAUVILLE

A 13

Roland
GARROS

Jardin des Poètes

Jardin des Serres
d'Auteuil

PORTE
D'AUTEUIL

PORTE
MOLITOR

Centre
Sportif
Georges
Hébert

Sq. du
Tchad

PARC DES
PRINCES

Stade
Jean Bouin

Stade
Français

Pavillon de
l'Europe

Reine

Villa
line

D.D.E.

PORTE
DE ST-CLOUD

Porte de St-Cloud

Place de la
Porte de
St-Cloud

Stade P.
de Coubertin

Pl. de l'Abbé
Franz Stock

BOULEVARD

Porte d'Auteuil

Michel Ange
Auteuil

Michel Ange
Molitor

Molitor

Chardon
Lagache

Ste Pénne

Lycée
Jean Baptiste
Say

Ecole
Normale
d'Instituteurs

Versailles

Exelmans

Exelmans

Porte du
Point du Jour

la Seine

Hippodrome

ISSY-LES-MOULINEAU

BOULOGNE - O BILLANCOURT

Thiers

9
10
11
K
L
M
N
O
P
Tour Eiffel
Stade E. Anthoine
Quai
Rue Jean
Pl. de Kyoto
Pl. des Martyrs Juifs du Vélodrome d'Hiver
Bir Hakeim
Bd
Pont de Bir-Hakeim
Port Autonome de Paris
Rue Singer
Rue des Vignes
Pl. Chopin
Rue Duban
Rue de l'Annonciation
Pl. du Père Marcellin-Champagnat
Av. Marcel Proust
Av. R. Boylesve
Av. du Parc de Passy
Av. du Président Kennedy
Rue Raynouard
Rue Berton
R. d'Ankara
Pl. de Bolivie
Av. de Lamballe
R. du Dr Germain Sée
Av. du Gal Mangin
R. des Marronniers
Rue Boulainvilliers
Hameau de Boulainvilliers
Rue de l'Assomption
Religieuses de l'Assomption
Rue Ranelagh
MAISON DE RADIO FRANCE
Kennedy Radio-France
Pl. du Dr Hayem
R. de Boulainvilliers
Rue La Fontaine
Square Henri Collet
Rue Gros
Place Clément Ader
Avenue du Pont de Grenelle
Allée des Cygnes
Port de Grenelle
Quai de Grenelle
R. Nélaton
R. Nocard
Rue du Docteur Finlay
Rue Saint Charles
Sq. Bela Bartok
Place de Brazzaville
Rue Emeriau
Rue Schutzenberger
Pl. M. Cerdan
Rue Viala
R. B. Dussane
Rue Rouelle
Rue Lourmel
Rue de Flers
Statue de la Liberté
Pl. Fernand Forest
R. de Caillavet
Quai André Citroën
Port de Javel
Sq. Pablo Casals
Rue Héricart
Pl. St-Charles
L.P. Beaugrenelle
Rue Beaugrenelle
Rue du Théâtre
Lycée Tech. R. Verlomme
Rue Ginoux
Rue Linois
R. de l'Ingénieur R. Keller
Charles Michels
Pl. Ch. Michels
Avenue Emile Zola
15e
Pont Mirabeau
Mirabeau
Javel
Rond Point du Pont Mirabeau
Pl. A. Humbert
Imprimerie Nationale
Rue St-Christophe
R. de Javel
Rue de Javel
R. des 4 Frères Peignot
Rue Gutenberg
Rue des Bergers
R. du Gal Estienne
Ste-Nina
Rue de l'Église
Place Violet
Square Violet
Villa Violet
Rue des Entrepreneurs
Pl. de la Montagne du Goulet
Sq. des Cévennes
Sq. Paul Gilot
R. Sébastien Mercier
Rue des Cévennes
R. des Chauvières
Rue Balard
Rue de la Montagne de l'Espérou
Rond Point St-Charles
Université Paris I
Cimetière de Grenelle
Anc. hôpital Boucicaut
Rue de la Convention
Rue Oscar Roty
Boucicaut
Jardin Duranton
Rue Félix Faure
de Félix Faure
Pl. Etienne Pernet
Rue des Frères Morane
Parc André Citroën
Quai André Citroën
Espl. André Chamson
Espl. M. Guedj
Rue Saint Charles
Rue Varet
Lourmel
Sq. Jean Cocteau
Rue Modigliani
Rue Leblanc
Européen Georges Pompidou
Rue Vasco de Gama
Jardin du Grand Pavois
Balard
Place Balard
Avenue Félix Faure
Bd Général Martial Valin
Sq. Carlo Sarrabezolles
S.T.C.A.N.
Boulevard
PÉRIPHÉRIQUE
Av. de la Porte de Sèvres
Pl. R. Guillemard
Notre Dame de Nazareth
Ministère de
Secteur Sud
16
17
18
19
8
9
10
20
2
3
1
11
7
4
6
5
15
12
14
13
Auteuil
N

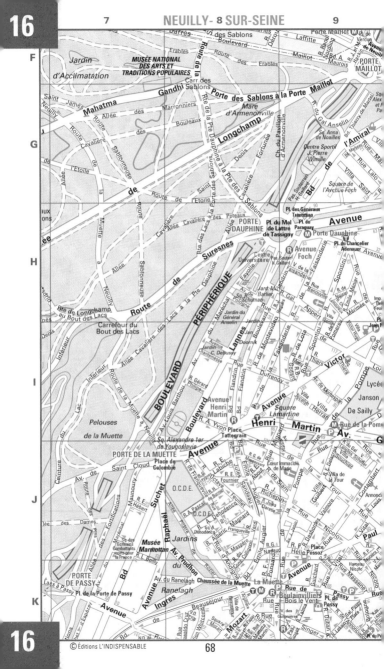

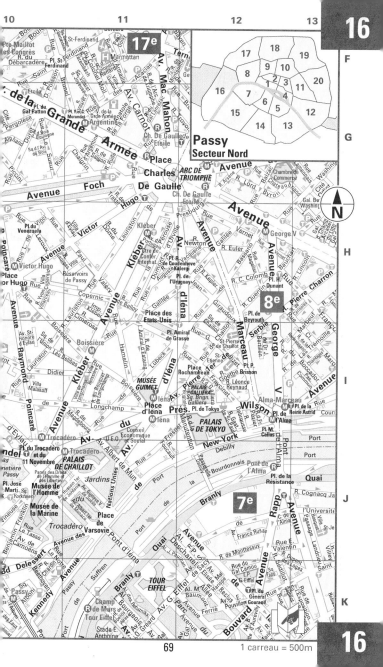

17e

17   18   19
9   10
8   2   3   20
16   1   4   11
7   6   5
15   14   13   12

Passy
Secteur Nord

8e

7e

Pte Maillot
les Congrès

de la Grande

Armée

Place
Charles
De Gaulle

ARC DE
TRIOMPHE

Avenue Foch

Avenue

Avenue Kléber

Victor Hugo

Place
or Hugo

Avenue Kléber

Avenue d'Iéna

Avenue Marceau

Avenue George V

Place des
Etats-Unis

MUSÉE
GUIMET

PALAIS
GALLIERA

Place
d'Iéna

Prés.
du

Av. Trocadéro

PALAIS
DE TOKYO

Wilson

Avenue

Alma-Marceau

Pl. de la
Reine Astrid

Pl. du Trocadéro
et du
11 Novembre

PALAIS
DE CHAILLOT

New-York

Port

Port

Quai

Jardins

des

Unies

Pont de
l'Alma

Pl. de la
Résistance

Quai

Musée de
l'Homme

Place
de
Varsovie

Pont d'Iéna

Branly

TOUR
EIFFEL

Avenue

Rapp

Avenue Bouvard

Quai

Avenue de la Bourdonnais

Champ
de Mars
Tour Eiffel

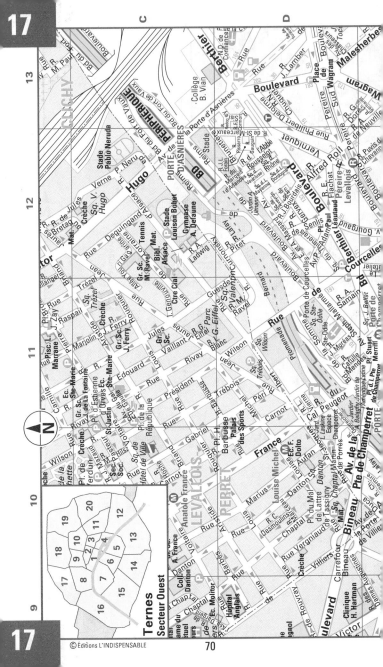

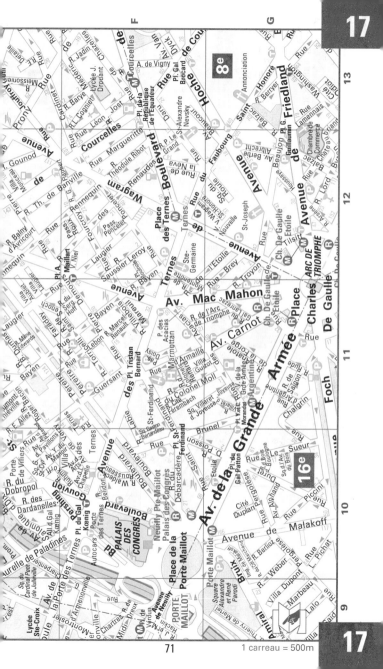

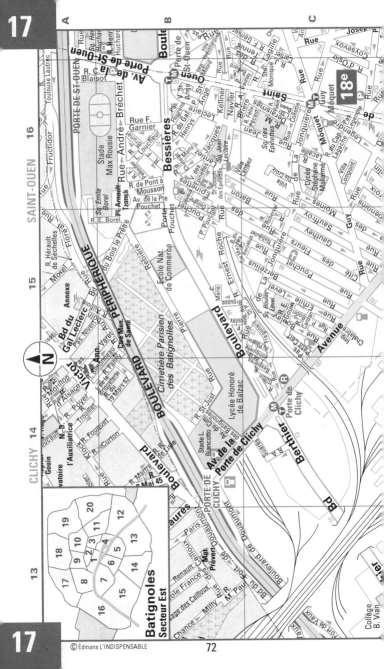

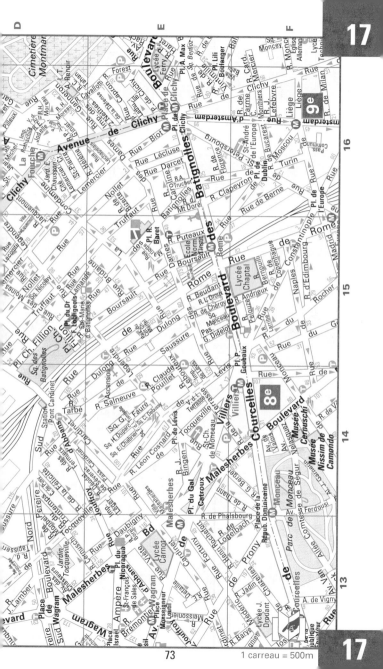

1 carreau = 500m

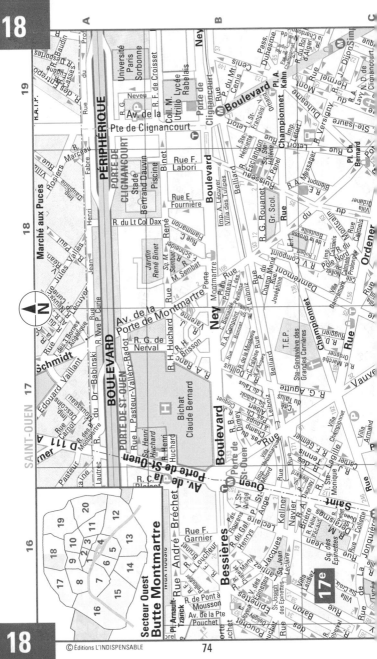

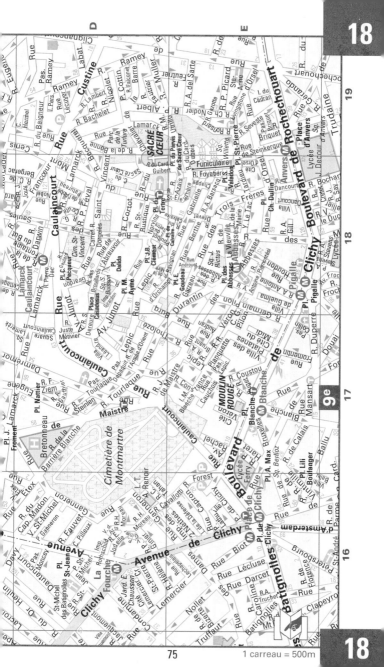

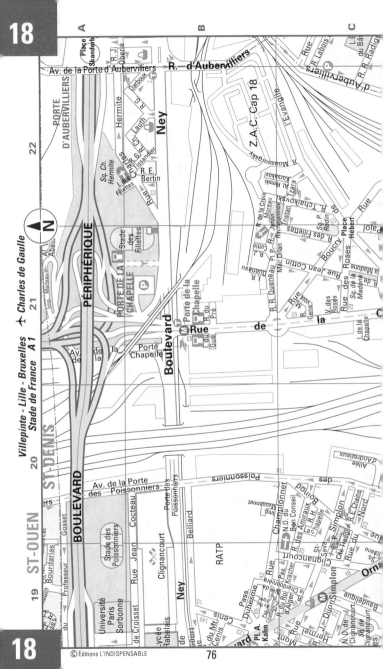

© Éditions L'INDISPENSABLE

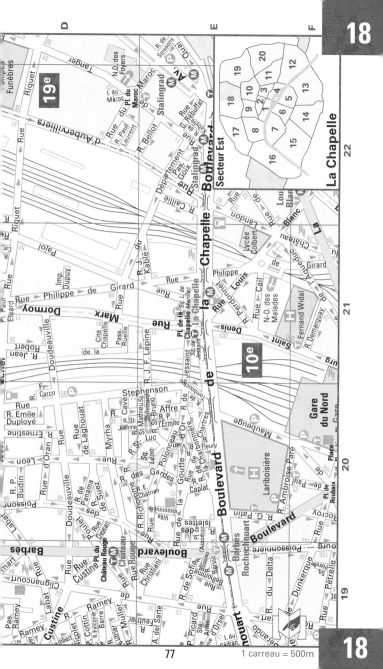

1 carreau = 500m

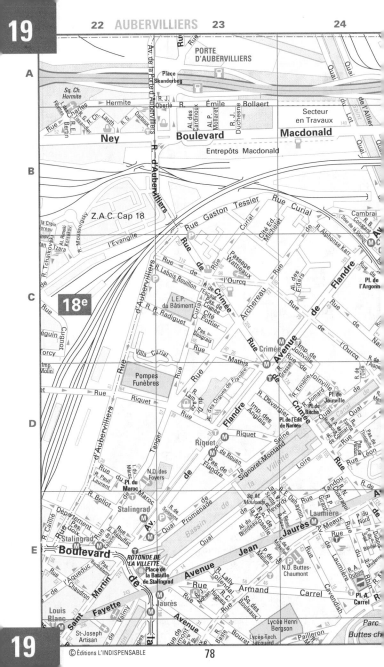

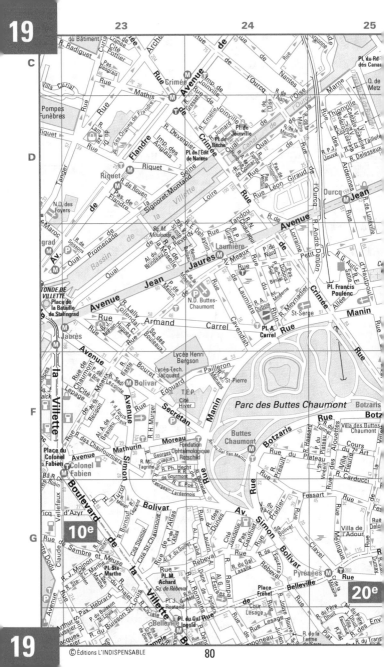

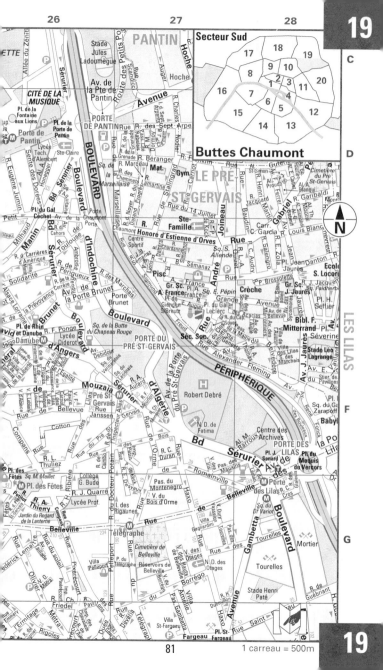

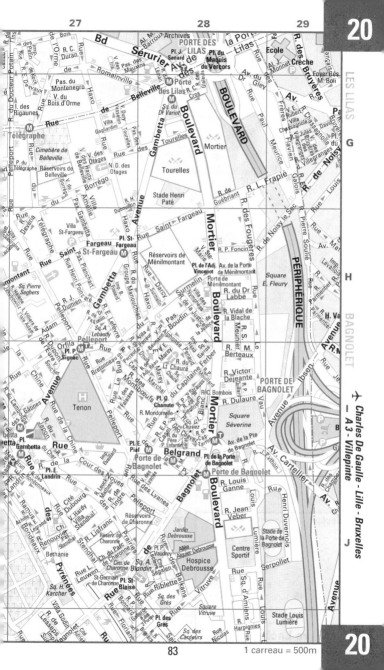

✈ Charles De Gaulle - Lille - Bruxelles
— A 3 - Villepinte

G

H

J

1 carreau = 500m

20

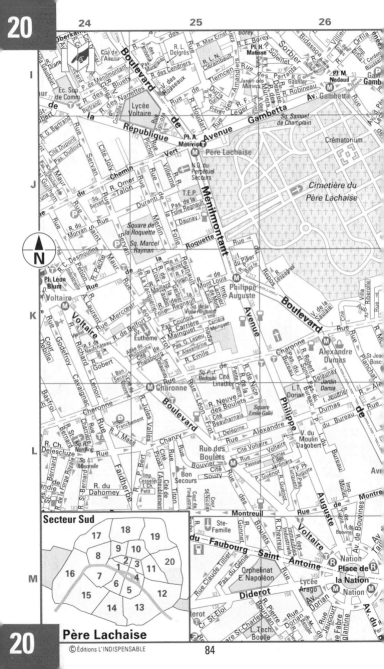

Secteur Sud

Père Lachaise

©Éditions L'INDISPENSABLE

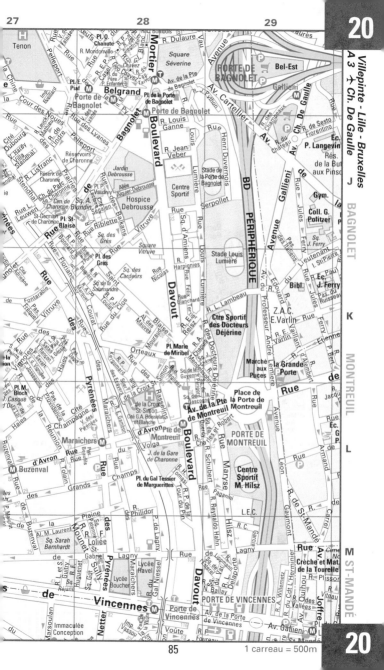

FORUM DES HALLES

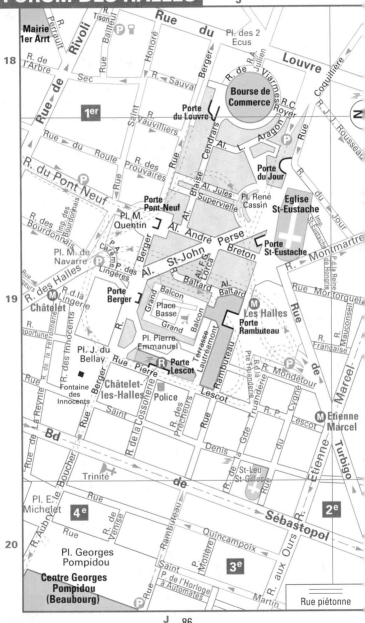

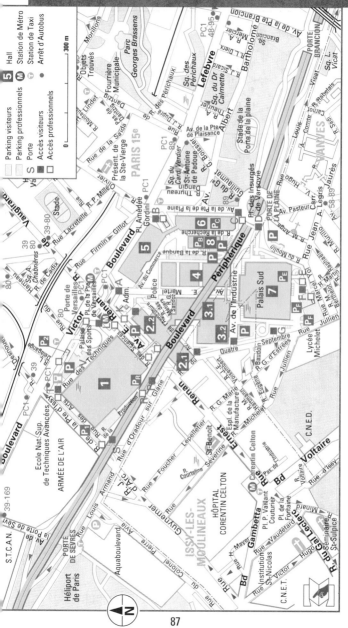

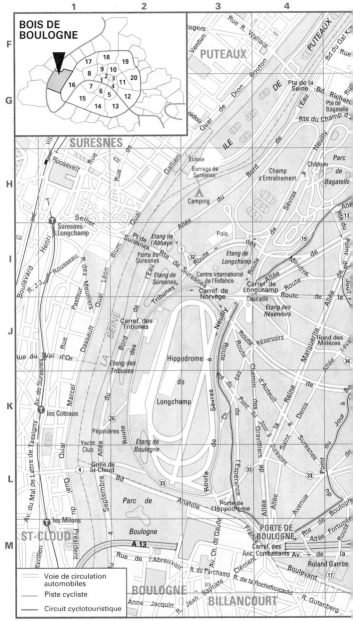

BOIS DE BOULOGNE

Voie de circulation automobiles

Piste cycliste

Circuit cyclotouristique

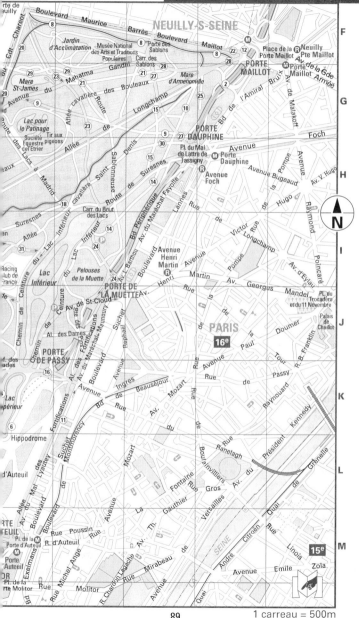

1 carreau = 500m

BOIS DE BOULOGNE

Métro : Pont de Neuilly - Porte d'Auteuil - Porte Maillot - Les Sablons

RER : C - Neuilly-Porte Maillot - Av. Foch - Av. Henri Martin

Bus : 43 - 123 - 144 - 157 - 176 - 241 - 244 - 344 - 460

BOIS DE VINCENNES

Métro : Château de Vincennes - Saint-Mandé-Tourelle - Charenton École - Joinville le Pont

RER : A - Vincennes - Fontenay s/s Bois - Nogent sur Marne - Joinville le Pont

Bus : 46 - 48 - 56 - 86 - 103 - 106AB - 108AB - 108- N111 - 112 - 115 - 118 - 124 - 180 - 281 - 313AB - 318 - 325

BOIS DE VINCENNES

Légende:
- Voie de circulation automobiles
- Piste cycliste
- Circuit cyclotouristique

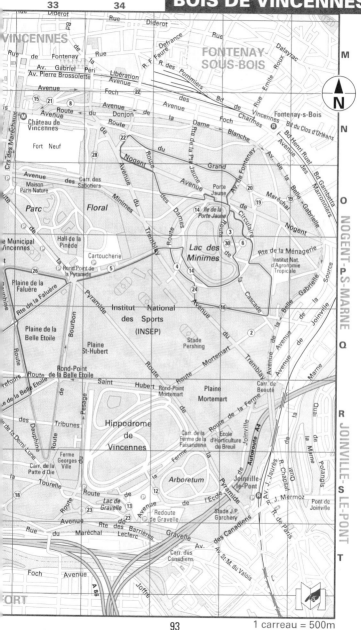

1 carreau = 500m

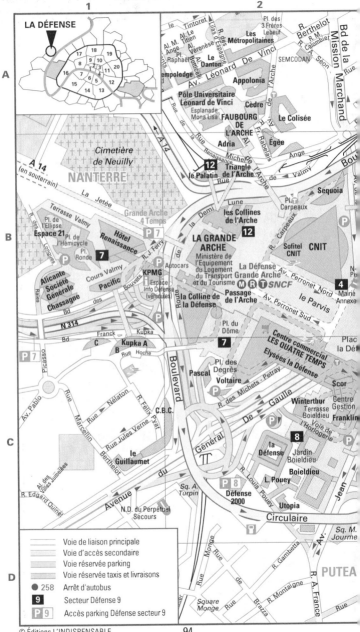

LA DÉFENSE

1

2

17 18 19
8 9 10
16 2 3 1 20
7 6 5 11
15 14 13 12

A

le   Tintoret
Al. M.   Véronèse
Ange   du
Al   Lilas d'Espagne
R. des
R. Raphaël   Antreal
empolodge
Le
Danton
Av. Léonard De Vinci
Pôle Universitaire
Léonard de Vinci
Esplanade
Mona Lisa
Adria
Michele
Triangle
le Palatin   de l'Arche
Rue

Pl. des
3 Frères
Lebeuf
Les
Métropolitaines
Appolonia
Cèdre
FAUBOURG
DE
L'ARCHE
Égée
Lune   la   Demi

R. Berthelot
R. M.
Colombien
SEMCODAN
de l'Arche
Le Colisée
Ange
de   Valmy
Sequoia

R. de la
Mission Marchand
Bd de la

A 14
(en souterrain)
Cimetière
de Neuilly
NANTERRE
La Jetée

Terrasse Valmy
Pl. de
l'Ellipse
Espace 21
Pl. de
l'Hémicycle
Pl.
Ronde
Alicante
Société
Générale
Chassagne
Cours Valmy
Pacific
des
Bd
N 314
Franck
Kupka
C
Kupka A
B
Rue   Hoche

A 14

Grande Arche
4 Temps
Hôtel
Renaissance
R. J. Ferry
Autocars
KPMG
Espace
Info Défense
(véhicules)

12
les Collines
de l'Arche
12
**LA GRANDE
ARCHE**
Ministère de
l'Equipement
du Logement
du Transport
et du Tourisme
la Colline de
la Défense
Passage
de l'Arche

Pl.
Carpeaux
Sofitel
CNIT
CNIT
La Défense
Grande Arche
M R T SNCF
Av. Perronet Nord
le Parvis
Av. Perronet Sud

N-Pe
4
Mairie
Annexe

B

P 7
7
P

P

7

Pl. du
Dôme
Centre commercial
LES QUATRE TEMPS
Elysées la Défense

Plac
la Déf

P 7
Bd   Picasso
Av. Pablo
Rue   Marcellin
Rue   Nélaton
R. Félix Pyat
Rue Jules Verne
Rue
le
Guillaumet
A. des
Villas Jumelles
R. Edgard Quinet
Avenue
N.D. du Perpétuel
Secours

Pl. des
Degrés
Pascal
Voltaire
C.B.C.

Boulevard

Général

du

Sq. A.
Turpin
P 8
Défense
2000

R. des Michels - Petray
De
Gaulle
Voie de
l'Horloge
Winterthur
Terrasse
Boieldieu
8
la
Défense
Jardin
Boieldieu
Boieldieu
L. Pouey
Utopia
R. Louis Pouey

Scor
Centre
Gestion
Franklin

P

C

Circulaire

Av. Gambetta

Jean

Sq. M.
Journe

PUTEA

D

Voie de liaison principale
Voie d'accès secondaire
Voie réservée parking
Voie réservée taxis et livraisons
● 258   Arrêt d'autobus
9   Secteur Défense 9
P 9   Accès parking Défense secteur 9

N.D. du Perpétuel
Secours
Monge
Rue
de
Square
Monge
R. Gambetta
R. Montaigne
Av. France
Rue
Brazza

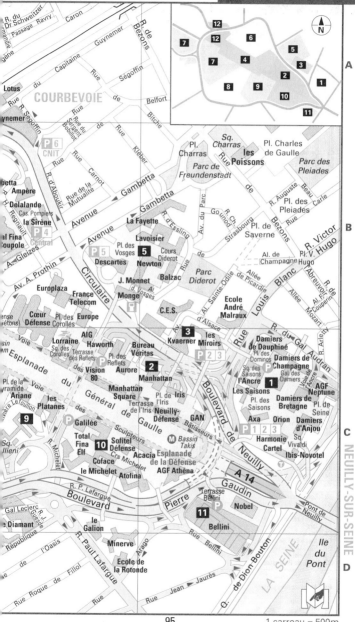

1 carreau = 500m

LA DÉFENSE : INDEX

Rues

Secteur	Plan	Nom
3	B4	Alsace Av. d'
1	C4	Ancre Voie de l'
Puteaux	D3	Arago Rue
7	B2	Arche Allée de l'
Courbevoie	A2	Arche Avenue de l'
Courbevoie	A2	Arche Faubourg de l'
7	B2	Arche Passage de l'
1	C4	Audran Rue du Gal
2	C4	Bâtisseurs Voie des
11	D4	Bellini Rue
11	C4	Bellini Terr.
Courbevoie	B4-C4	Blanc Rue Louis
8	C2	Boieldieu Terr.
7	B3	Boieldieu Jardin
8	B1	Bouvets Bd des
4	B2	Carpeaux Rue
4	B2	Carpeaux Pl.
2	C3	Corolles Pl. des
2	C3	Corolles Sq. des
3	C4	Coupole Pl. de la
2-9-10	B3	Damiers Gal. des
4	B2-B3	De Gaulle Espl. du Gal
4	C3	Défense Pr. de la
7	C2	Défense Rd-Pt de la
9	C3	Degrés Pl. des
7	B4	Delarivière-Lefoul. R.
9	C3	Demi Lune Rte de la
Courbevoie	B4	Diderot Parc
5	B4	Diderot Cours
Puteaux	D4	Dion Bouton Quai de
4-6	B2	Division Leclerc Av. de la
7	B2	Dôme Pl. du
1	C4	Dominos Pl. des
7	B1	Ellipse Pl. de l'
Courbevoie	B1	Essling Rue d'
7	B1	Ferry Rue Jules
9	C3	Gallieni Bd
5	B3	Gambetta Av.
10-11	C3-C4	Gaudin Bd Pierre
6	B3	Gleizes Av. Albert
7	B2	Hémicycle Pl. de l'
8	C2	Horlogerie Voie de l'
2	C4	Iris Pl. de l'
2	C4	Iris Terr. de l'
7	B1	Jetée la
7	B1	Kupka Rue Frank
10		Lafargue Rue Paul
Courbevoie	A2	Léonard de Vinci Av.
7	B3	Longues-Raies R. des
6	B2	Michel Ange Rue
10	C4	Michelet Rue
10	C2	Michelet Cours
7	C2	Michels-Pétray Rue des
Courbevoie	B2	Mona Lisa Esplanade
8	C2-C3	Moulin Av. Jean
1	C4	Neuilly Bd de
9	C3	Paradis Rue
4	B2	Parvis le
4	B2	Perronet-Nord Av.
4	B2	Perronet-Sud Av.
8	C2	Pouey Rue Louis
4	B3	Prothin Av. André
Puteaux	C3	Pyat Rue Félix
2	C4	Pyramide Pl. de la
Courbevoie	B2	Rabelais Rue
2	C3	Reflets Pl. des
2	C3	Reflets Terr. des
6	B3	Regnault Pl. Henri
6	B3	Regnault Sq. Henri
6	B3	Regnault Rue Henri
1	C4	Ronde Pl.
1	C4	Saisons Pl. des
1	C4	Saisons Sq. des
Courbevoie	C3-C4	Sculpteurs Voie des
9	A3	Ségoffin Rue
1	C4	Seine Pl. de
6	B3	Serpentine Rue
Courbevoie	B4	Strasbourg Rue de
9	C3	Sud Pl. du
Puteaux	C3	Turpin Sq. André
6-12	B2	Valmy Cours
7	B1	Valmy Rue de
7	C3	Villon Rue Jacques
1	C4	Vivaldi Sq.
5	B3	Vosges Pl. des
5	B3	Vosges Allée des
8	C2	Wilson Av. du Pdt

Résidences

Secteur	Plan	Nom
Courbevoie	B2	Adria
1	C4	Ancre Résid. de l'
Courbevoie	C4	Appolonia
8	C2	Boieldieu Résid.
1	C4	Cartel Résid.
Courbevoie	A2	Cèdre
Courbevoie	C4	Colisée Le
1	C4	Damiers-Champagne
1	C4	Damiers-d'Anjou
1	C4	Damiers-de-Bretagne
1	C4	Damiers-de-Dauphiné
6	A2	Danton Le
5	B3	Dauphins Résid. Les
8	C2	Défense Résid. La
9	C3	Défense-2000
6	C3	Eve Tour
6	C3	Gambetta Tour
1	C4	Harmonie Résid.
2	C3	Lorraine Résid.
8	C2	Louis-Pouey Résid.
2	C4	Manhattan Résid.
6	B3	Maréchal-Leclerc Résid.
6	A2	Métropolitains Le
Puteaux	D3	Minerve
1	C4	Neuilly-Défense Résid.
1	C4	Orion Résid.
9	C3	Platanes Résid. Les
6	B3	Saisons Les
6	B3	Sirène Résid. de La
2	C3	Vision 80

Administrations, Sociétés, Tours

Secteur	Plan	Nom
9	C4	Acacia
10	C4	AGF Athéna
1	C4	AGF Neptune
2	C3	A.I.G.
7	B1	Alicante
6	B3	Ampère
9	C3	Ariane
9	C3	Atlantique
10	C4	Atofina
2	C3	Aurore
1	C4	Axa
5	B4	Balzac
11	C4	Bellini
Courbevoie	A3	Berkeley
2	C3-C4	Bureau-Véritas
Puteaux	C1	C.B.C.
8	C2	Centre-de-Gestion
7	B3	Chassagne
4	B2	CNIT
4	B3	Cœur Défense
10	C3	Coface
8	C2	Collines de la Défense La
7	B2	Collines-de-l'Arche Les
9	C3	Crédit-Lyonnais
6	B3	Delalande
5	B3	Descartes
Puteaux	C3	Diamant Le
8	C3	EDF
Courbevoie	B2	Egée
7	B1	Elysées-la-Défense
7	B1	Espace 21
4	B3	Europe
9	C3	Europlaza
9	C3	Eve Tour
6	B3	Framatome
2	B3	France Télécom
8	C2	Franklin
Puteaux	C3	Galion Le
2	C3	G.A.N.
10	C3	Galilée
7	B2	Grande-Arche La
Puteaux	C1	Guillaumet Le
2	C1	Haworth
3	C2	Ile-de-France
2	C4	Iris L'
5	B3	Jean-Monnet
7	C1	Kupka
3	C4	Kvaerner
5	B3	La-Fayette
5	B3	Lavoisier
9	C3	Linéa
Courbevoie	A3	Lotus
4	B2	Mairie-Annexe
2	C3	Manhattan-Square
10	C3	Michelet Le
7	B2	Ministère-Equipement
3	C4	Miroirs Les
5	B3	Monge
5	B4	Newton
11	C4	Nobel
Puteaux	C3	Olivetti-Logabax
7	B1	Pacific
12	B2	Palatin Le
7	C2	Pascal
5	B4	Péchiney-Balzac
Courbevoie	B4	Poissons Les
3	C4	Prisma
6	B2	Scor
7	B1	Séquoia
6	B3	Société-Générale
10	C3	Technip
6	B3	Total Fina Elf
12	B2	Total Fina Elf Coupole
8	C2	Triangle de l'Arche
7	C2	Utopia
7	C2	Voltaire
8	C2	Winterthur

Services, Hôtels, Loisirs

Secteur	Plan	Nom
4	B3	Commissariat
4	B3	Espace Info Déf. Parvis (piétons)
7	B1	Espace Info Défense (véhicules)
1	C4	Ibis
2	C4	Iris L'
10	C4	Métro Espl. de la Défense
4	B2	Métro La Défense-Gde Arche
10	C3	Michelet Le
4	-B2	N.-D. de Pentecôte
1	C4	Novotel
Courbevoie	A2	Pôle Universitaire Léonard De Vinci
6	B3	Pompiers Caserne
2	C3	Poste
4	C3	Poste
7	C2	Poste
7	C2	Quatre-Temps Les
9	C3	Relais-Jean-XXIII
7	B1	Renaissance
4	B2	RER
4	B2	SNCF
4	B2	Sofitel-C.N.I.T.
10	C3	Sofitel-Défense
5	B3	Station service
8	C2	Station service
6	B3	Taxis
4	C2	Taxis
1	C4	Taxis
4	B2	Tramway-T2

Parkings

Secteur	Plan	Nom
7	B1	Autocars (obligatoire)
11	B1	Bellini
8	C2	Boieldieu
4	B3	Central
6	B2	CNIT
6	B3	Coupole-Regnault La
2	C3	Corolles Les
2	C4	Iris L'
10	C3	Michelet
7	C2	Quatre-Temps Les
2	C3	Reflets Les
1	C4	Saisons Les
7	B1	Valmy
9	C3	Villon
8	C2	Wilson